ひっぱりだこの人気講師
になって、稼ぎ続ける！

# 90日で商工会議所からよばれる講師になる方法

最新版

東川 仁 著

同文舘出版

# はじめに

私が「中小企業を支援する」という仕事のやりがいに目覚めたのは、２０００年12月に勤めていた金融機関が破綻し、資金繰りに困った顧客のフォローをしていた頃です。これを一生の仕事にしようと独立したのが２００２年。勤務先の破綻から約1年半後、その金融機関はまだ残務処理中でした。

独立当時は「金なし」「資格なし」「経験なし」「人脈なし」のないない尽くしです。まずは資格を手に入れようと、勉強を開始しました。資格試験の勉強を続けながらも生活は続くので、何らかの形で稼いでいかねばなりません。

そこで日々行なっていたのが、自分で集客し、運営する「自主開催セミナー」です。この自主セミナーの当面の目的は参加費収入ですが、最終的にめざしていたのはもちろん顧問先の獲得。しかし毎週のように開催しても、なかなか結果が出ない。私が呼べる客層と、呼びたい客層（見込み客）とに乖離があったのでしょう。

そもそも、集客そのものにたいへん苦労しました。たとえば異業種交流会などで出会った人々にセミナーの案内をするのですが、しばらく続ければ、この見込み客リストがどうしても「やせて」くる。

参加者の減少、レスポンスの低下です。常に新しい人々をリストに取り込んだり、セミナー内容を刷新し続けないと、「ああ、またこの人からのセミナー案内だ、前に行ったからもういいよ」と飽きられてしまうのです。

自主セミナーには自主セミナーの利点もあるのですが（後でお話しします）、食べていけるビジネスにまで成長させるのは容易ではないのだと、身をもって知りました。

自主セミナーを続けるうち、「士業が集まる勉強会で喋ってほしい」という依頼が入りはじめます。そこで出会った士業の方々から、後日ご自身のクライアントを紹介されて、単発コンサルティングや顧問契約に至ることもしばしばありました。

そこでようやく気づいたのです。「**自主セミナー講師ではなく『よばれる』講師になるべきだ**」と。

「よばれる講師」になれば、集客リスト作りに奔走することもなく、自分のセミナーテーマに沿ったお客さんを主催者側が集めてくれます。もちろん、自分も集客に協力するのは大切ですが、自主セミナーほどのリスクもプレッシャーもありません。

実際、私も自主セミナー講師から「よばれる講師」になって以降、セミナー内容を練り上げ、テーマの幅を広げることができるようになりました。内容に深みが出たり、テーマが広がったりすれば、それだけよんでもらえる機会も増えます。

また、会場では「先生」と紹介され、お客さんは「主催者がわざわざよんでくるほど、権威ある講師」というよい印象を持ってくれます。

これは大きい。実際に権威があるかどうかは別にして、「よばれて」いることは確かで、そのせいでお客さんは、出会いの時から優秀な先生と思ってくれるのです。となると、単発であれ顧問契約であれ、仕事の依頼につながりやすくなります。

私がこの「よばれる講師」の利点に気づいたのは２００４年頃、独立から2年も経っています。ちょっとのんびりし過ぎました。でも気づいたときから今日まで、試行錯誤を繰り返し、「商工会議所から講師としてよばれるためのノウハウ」に磨きをかけてきました。

そして、そのノウハウを２０１０年に『90日で商工会議所からよばれる講師になる方法』

という書籍にまとめました。おかげさまで、拙著は多くの方々に手に取っていただくことができました。

そこから7年の間にさらにノウハウを積み上げ、年間２００回以上、商工会議所からよばれる講師へと成長することができました。そうなれたのも、商工会議所を取り巻く環境変化を的確につかみ、商工会議所によばれる講師になるためのノウハウをブラッシュアップさせてきたからだと思います。

そしてこのたび、ブラッシュアップしたノウハウを詰め込んだ最新版を出版することになりました。

私が13年かけてたどった道のりを、本書を読めば90日程度であなたも歩むことができるでしょう。ノウハウの囲い込みはしません（というか、できない性格です）。この本でみなさんがスムーズに自主セミナー講師を卒業し、スピーディに「よばれる講師」へ移行できれば、私はとても嬉しいです。

繁盛講師プロデューサー　東川　仁

CONTENTS

PART 2

# こうすりゃあなたも商工会議所から「よばれる講師」になれる！

## PART 3 知っておいて損はない！ 商工会議所・セミナーエージェントの裏側

PART 4

## この講師に依頼したい！ と思わせるセミナー企画書の作り方

## PART 5

## 「よばれる講師」を「稼げる仕事」にするための仕組み作り

カバーデザイン おかっぱ製作所
本文デザイン・DTP 三枝未央
本文イラスト 田渕正敏

# プロローグ

# 「よばれる講師」はこんなにおいしい！

## 0-1

# セミナー講師のゴールは「顧客獲得」

「セミナー講師になりたい」という人が増えています。コンテンツをすでに持っている専門家だけでなく、私が大学で教えていた頃には、まだ自分に色がついていない大学生まで、「何になりたい？」と聞けば「セミナー講師」と答える人が多くいました。

メルマガやブログ、フェイスブックやツイッターなど、以前より自己表現の場が増えたのがその大きな理由でしょう。人前で喋ることへの抵抗も減っているようです。そんな流れを受けて、セミナーの開催はいまや「大流行」といっても過言ではありません。専門のポータルサイトもあるくらいです。講師になるための本が数多く出版され、売行きも悪くないと聞いています。セミナー講師は、もはや特別な人のための職業ではありません。

しかし、長続きしない人が多いことも事実です。それは、講師に「なる」ノウハウはあっても、講師で「稼ぎ続ける」ノウハウがない（あるいは、あまりオープンにされていない）からです。自主セミナーを続けていけるのは、ごく一部の人だけ。その道の第一人者として輝かしい実績があったり、出版やテレビなどメディア露出している特別な人々です。

他の多くの講師たちは、見込み客リストやセミナー内容が枯れ、集客に苦しむようになります。そのため案内が執拗になったり、内容に見合わない参加金額を設定して周りから疎まれ、さらに集客が難しくなる悪循環に陥り、次第にセミナーの現場から離れていきます。

なぜ、そんなことが起こるのか？　それは、セミナー講師に「なる」ことが目的になってしまっているからです。多くの人々にとって**セミナー講師という仕事は、自分の顧客を見つけるための営業活動の一環であり、手段に過ぎません。**

ですから、「自主セミナーを本業として、これで食べ続けていこう」とは思わないこと。自主セミナーは「よばれる講師になるため」のファーストステップに過ぎず、よばれる講師になるのは「顧客を見つけるため」という目的を自覚しましょう。

0-2

# 商工会議所などからよばれるメリット

講師として、「どこからよばれるか」も大切です。私がお勧めするのは、商工会や商工会議所、各種業界団体です。こういった場所でセミナーや研修の講師になりたいと考えている士業やコンサルタントの方々は多いでしょう。

お勧めする理由は数多くあります。当日の報酬はもちろん、いろいろなところに自分を宣伝してもらえる(しかも無料で)、自分の知識や能力をアピールする場が持てる、また、「商工会・商工会議所が頼む講師だから信用のおける有能な人だ」と多くの方に「勘違い」してもらえる余禄まで……。なかでも大きなメリットは、**見込み客と出会える**ことでしょう。私も自分が講師を務めたセミナーや研修の受講者から後日、直接連絡があって単発の仕事をいただくことが多く、そこから顧問契約に至ることも、少なからずあります。

商工会・商工会議所でのセミナーをお勧めする理由は他にもあります。一度セミナーをすれば（そしてその評判がよければ）、**連鎖的に次の依頼が舞い込むケースが多い**のです。それは、経営指導員のヨコのつながりが強いからです。

経営指導員とは商工会・商工会議所の職員で、セミナー企画や会員への経営指導を行なう人々。経営指導員は年に何度か、都道府県単位の「経営指導員研修」に参加します。集まるのはセミナー企画や経営指導など同じ業務にあたる人々ですから、そこでは「どんなセミナーが人気だったか」が常に話題にのぼります。経営指導員にとって、人気セミナーの企画はそれだけ大きなミッションなのです。そこであなたのセミナーの評判がよければ、「じゃあウチもよぼうかな」という経営指導員が現われ、「じゃあウチも」「じゃあウチも」と依頼が続くことになります。

都道府県内に広まったあなたの評判は、全国に広がる可能性も十分あります。というのも、経営指導員研修は都道府県単位だけでなく、全国レベルでも行なわれるからです。経営指導員から経営指導員へ話が流れ、あなたは営業活動をまったくしなくても、全国からセミナー講師としてよばれることになるでしょう。実際、私も大阪の経営指導員から山形の経営指導員へ話が伝わり、そこから全国へ広がりました。苦労をせずとも、全国各地でセミナーを行なえるのです！　ともあれ、まずは一度、商工会議所でセミナーを。話はそこからです。

# 0-3 講師初心者がまずすべきこと

講師としてよばれるようになるには、優れたセミナー内容と実績が必要です。「セミナー講師になりたい」、あるいは「なったばかり」という人にとって難題のこの2点をクリアするのが、自分でセミナーを開催することです。最初は誰からもよばれませんからね。まずは自力で出発です。

自主セミナーでは、「セミナー内容」を練り上げるために、**お客さんのニーズをつかんだり、反応を見ましょう**。最初は誰でも、自分の得意なことを語りたがります。でもそれは本当にお客さんが求めている内容でしょうか？　「計画した、集客した、開催した」で終わることなく、お客さんの反応をしっかり検証しましょう。セミナー中に反応をチェックできればいいのですが、最初は喋るだけで舞い上がってしまうことが多いでしょうから、アンケートを取ることをお勧めします（詳しくはＰＡＲＴ４）。そして反応が思ったほどでなければ、何度でも内容を修正していくのです。

また、何度か繰り返すうちに、多少「冒険的」なテーマに挑みたくなることもあるでしょう。それができるのも自主セミナーのよいところです。リスクを取るのは自分ですから、自主セミナーでは自由な発想で可能性を試してください。

経験を積んでいけば、内容ばかりでなく、話し方や身だしなみなど細かい点にも目が行き届くようになります。セミナーで大切なのはあくまでも内容であり、話し方も身だしなみも本質ではありませんが、お客さんにはとても気になること。ここまで細かくブラッシュアップできるのも自主セミナー＝「セミナー講師としての修業時代」だからこそです。

テーマに見込み客のニーズを取り込み、話術に磨きをかけ、見た目の印象もよい、つまり「お客さんからの受けがよい」「多くのお客さんから人気がある」自主セミナーを続ければ、それはもう立派な実績です。プロフィール欄に堂々と「セミナー歴○回」「アンケートの反応も上々」「特に好評のテーマは……」と記載できます。実績作りのために、自主セミナーを積極的に開催しましょう。

前々項でお話しした通り、自主開催セミナーの講師で終わってはいけません。でも、**自主セミナーだからこそできること、チャレンジできること、豊かにしていけるものがあります**。自主セミナーを続けながら、「よばれる」ための基礎作り（詳しくはＰＡＲＴ１）をしていきましょう。

# PART 1

# 「よばれる講師」の第一歩
# まずは自主セミナーを
# 開催しよう

# 1-1 自主セミナー運営の基礎知識

プロローグでご説明した通り、「よばれる講師」になるための第一歩は、自主開催セミナーです。あなたが「セミナー経験ゼロ」なら、まずは自分でセミナーを開催するところからはじめてください。いくらなんでも、**セミナー未経験の講師にお呼びがかかることはありません**から。

「自分でセミナーを開催するなんて、ハードルが高い！」と感じることはありません。これからご説明する手順通りに進めていただければ、誰にでもできます。実際に、私だってセミナー経験ゼロの状態からスタートしたのですから、ご安心ください。

セミナー全体の流れは以下のようになります（①～④については、26ページ以降で詳しく述べます）。

**①セミナー企画の立案**　一番時間をかけるべきところです（後述します）

**②会場の確保**　これが済んだら即、告知！　3ヵ月前には確保したい（後述します）

**③受講者リストの収集**　普段からの動きが大切です（後述します）

**④告知・集客**　難関ですが、方法はいろいろあります（後述します）

**⑤申込受付**　申込みが来たら、なるべく早くお礼のメールを入れましょう

**⑥セミナー内容のブラッシュアップ・練習**　当日までは練習あるのみです

**⑦参加者への前日告知**　かならず行なうこと。それでも連絡なく欠席する人もいます

**⑧当日の運営**　受付は誰かに頼むこと。受講者リストや配布レジュメを忘れずに

**⑨懇親会の実施**　できるだけ開催して、参加者とじっくり触れあいましょう

**⑩お礼の連絡**　セミナーの印象がまだ残っている同日か翌日にはお礼メールを送付

**⑪アンケート**　よりよいセミナーにするための情報収集をします（ＰＡＲＴ４でお伝えします）

**⑫本来の業務へつなげる接触方法の確立**　受講者を見込み客にするために、個別相談に誘導します

# 1-2 未経験からはじめる！セミナー講師のステップアップ法 前編

今までほとんどセミナーをしたことのない人が「セミナー講師として生きていこう」と思ったとしても、「どうすればセミナー講師として独り立ちできるのか、その方法がわからない」となるのがほとんどでしょう。セミナー未経験の人でも、以下の順でステップアップしていくことで、「稼げる講師」へと成長することができます。

## ①友人・知人など身内のみを集めた少人数勉強会（目的→経験を積む）

まだお金をとれるレベルに達していないときは、30分程度のミニセミナー＋参加者同士がディスカッションする勉強会方式にします。ここでセミナー内容に関して忌憚のない意見・感想を聞くことができれば、講師としてのスキルも上達します。

## ②外部の参加者を含めた少人数勉強会（目的→集客・告知・運営方法の基礎を知る）

これも勉強会方式ですが、慣れ具合に応じてセミナー時間を長くしていきましょう。ここの目的は、集客や告知、運営方法を「体験」していくことです。

**③勉強会や交流会を主宰している知り合いに頼み、セミナーを無報酬でさせてもらう（目的↓有料で話をするレベルになっているかどうか判定してもらう）**

まだまだ経験を積みながら学ぶ段階ですが、多くの知らない人の前で自分のパフォーマンスをアピールする場、また、集客のための人脈をつかめる場に出かけて行きましょう。

有料でやっていけると周りから言われるようになったら、次のステップへ。

**④不特定多数を対象にした自主セミナーの実施（目的↓マーケティングリサーチ、企画書の充実化）**

いわゆる「自主セミナー」です。「このテーマは集客がいい」「こんなエピソードが共感を呼ぶ」など、受講者のニーズを調べましょう。

**⑤商工会議所・エージェントへの売り込み（目的↓商工会議所デビュー）**

自主セミナーで経験をしっかり積んだら、商工会や商工会議所、セミナーエージェントに自分のセミナー企画を売り込みます。

# 1-3 未経験からはじめる！セミナー講師のステップアップ法 後編

## ⑥商工会議所でのセミナー（目的↓ブランディング・見込み客候補の確保）

商工会議所でセミナーをすると、講師としての「箔」がつきます。また、受講者満足度の高いセミナーを行なうことができれば、別の商工会議所によんでもらえるチャンスも開けます。参加した方と名刺交換を行なうことで、見込み客候補を確保することもできます。

## ⑦商工会議所のセミナー受講者を対象にした自主セミナー・勉強会の実施（目的↓見込み客との関係強化）

商工会議所でセミナーをしただけで、受講者がクライアントになってくれることはほとんどありません。受講者と何度も会うことで、はじめてクライアントになってくれる可能性が出てきます。商工会議所でのセミナーに関連した別のセミナーや勉強会に受講者を無料招待することで、次に会う機会を作ります。

## ⑧自主セミナー・勉強会参加者に対する個別相談の実施（目的→クライアントの獲得）

自主セミナーや勉強会まで参加してくれる方は、講師に対して一定の信頼感を持っています。また、セミナーや勉強会の内容に関する「悩み」や「課題」を持っていることが多く、そうした「悩み」や「課題」の相談に乗ることで、クライアントにすることができます。

## ⑨高額の自主セミナーの実施（目的→セミナーによる売上確保）

最初の自主セミナーは、経験を積むために無料もしくは低価格で行なわざるを得ませんが、経験を積み、ネームバリューが上がってくれば、高額のセミナーでも集客できるようになります。定期的に高額セミナーを行なうことが、ビジネスの安定的な継続につながります。

## ⑩商工会議所以外からよばれてのセミナー・講演

多くの商工会議所でセミナーを行ない、人気を博すことができれば、商工会議所以外のところ（企業・業界団体等）から、高額の講師料でよばれるようになります。月に数回のセミナーや講演によって安定的に収入を得られるようになれば、セミナー講師としては成功だと言えるでしょう。

1-4

企画立案

# 「思わず行きたくなるセミナー企画」の作り方

セミナーテーマを企画する際、5W1Hで考えると、無駄なくモレなくチェックできます。

## ①いつ？　When

時期はもちろん、曜日や時間帯も大切です。経営者は平日の夜は会合などで多忙、起業を考えているサラリーマンは平日の昼間なんて無理。子育て中の主婦なら配偶者が子供を見てくれる日曜の昼間が好都合――など、対象者に応じた日時を選びます。

## ②どこで？　Where

地元企業の経営者向けなら、地元で一番アクセスのよい駅から近い貸会議室など。内容、対象者によっては、あえて穴場的な会場を選択するのも一案です（探し方は28ページ）。

## ③誰に？　Who

誰にでも受けるテーマはありません。対象を明確にすることで、その方たちが興味を持つテーマを見つけられます。「誰に話すか」を決めることが受けるセミナーの第一歩です。

### ④なぜ語るのか？　Why

「なぜセミナーを行ないたいのか」を考えれば、テーマも見えてきます。ターゲットを徹底的に明確にし、テーマがターゲットに合っているかどうかを調査するために、友人や以前の同僚などのつてをたどって対象となる人々にヒアリングしましょう。

### ⑤何を語るのか？　What

「どうしてもこれだけは伝えたい」という受講者のメリットをはっきりさせましょう。そのメリットをセミナー冒頭で宣言すれば、受講者はポイントを押さえやすくなります。また、10分ごとに話すこと、やることのスケジュールを組むと、当日焦らずに済みます。

### ⑥どのようなスタイルで？　How

最初のうちは、参加者同士の話し合いもできて場が和みやすい勉強会方式がお勧めです。慣れていけば、講師が喋り参加者が聞くセミナー方式へ。

# 1-5

会場確保

# はじめてでも安心！会場はこうして見つけよう

会場選びの基準は、「立地」「収容人数」「料金」「雰囲気」「懇親会会場へのアクセス」です。他人のセミナーに参加したときの好印象会場をチェックしておくのもいいのですが、１人で集められる情報には限界があるでしょう。以下の方法もぜひ試してみてください。

## ①知り合いのセミナー講師に聞く

一番のお勧め。ネットでは出てこない穴場の会場情報が入手できることもあります。

## ②ネットで調べる

インターネットで「セミナー会場　地域名」で検索してみましょう。クチコミや感想より先に会場の公式ホームページが出てきますが、土地勘のない地域の場合や、広く浅く調べるには便利です。

## ③頻繁にセミナーを行なっている講師のセミナー案内サイトを調べ、同じ会場を見つける

自分と似たセミナースタイル（少人数 or 大人数、ワークショップつき、プロジェクター多用など）の講師がよく使っているのなら、自分にとっても都合のよい会場である可能性が高いため、真似しない手はありません。

## ④イベント検索サイトを参考にする

イベントの開催情報を検索できるサイトはたくさんあります。そういったイベント検索サイト内で、自分がセミナーをしたい地域（主に都道府県単位）のセミナーを検索し、セミナー会場リストを作成します。そのリストを基に、各会場の様子を確認し、自分に合うセミナー会場を見つけてください。

次ページに、私が使っているチェックシートを記載しておきます。参考にしてみてください。

フォーマット

会場名：

住　所：

| | 内 容 | 点 数 | 備 考 |
|---|---|---|---|
| 最寄り駅 | | 1　2　3　4　5 | |
| 立地 | | 1　2　3　4　5 | |
| 収容人数 | | 1　2　3　4　5 | |
| 料金 | | 1　2　3　4　5 | |
| 雰囲気 | | 1　2　3　4　5 | |
| 懇親会場 | | 1　2　3　4　5 | |
| 合 計 | | 点 | |

## 自主セミナー会場選定チェックシート

**見本**

会場名：Katanaオフィス淀屋橋セミナールーム

住　所：大阪市中央区伏見町4-4-9 オーエックス淀屋橋ビル3F

| | 内容 | 点数 | 備考 |
|---|---|---|---|
| 最寄り駅 | 淀屋橋 | 1 2 3 ④ 5 | 準ターミナル駅（京阪&地下鉄） |
| 立地 | 徒歩2分 | 1 2 3 4 ⑤ | ほとんど雨に濡れずに行ける |
| 収容人数 | 16名 | 1 2 ③ 4 5 | 3人がけの場合は24名（少しせまい） |
| 料金 | 16,000円 | 1 2 3 ④ 5 | 3時間利用（時間単価5,333円） |
| 雰囲気 | 新しい・清潔 | 1 2 3 ④ 5 | 2010年5月開業 |
| 懇親会場 | 2ヵ所 | 1 2 ③ 4 5 | 居酒屋2軒のみ（平均4,000円） |
| 合計 | | 23点 | 立地と雰囲気が特によく、採用1番候補 |

1-6

リスト収集

# 日頃からコツコツとリストを集める

自主セミナーの一番の課題は、**誰に告知・宣伝するか**です。集客リストを常に豊富で新鮮に保っておくためには、「日頃の自分の動き」がモノを言います。リストの集め方ひとつで、そのセミナーが成功するかどうかが決まります。リストを集めるために、どうやって人と知り合い、人間関係を築くかということは、結局「自分がいつもどう動いているか」の結果でもあります。そのほか、ネット検索や、商工会議所のデータベースも使えます。以下のような方法で集客リストを作成しましょう。

## ①異業種交流会への参加

どんな異業種交流会でもいいというわけではありません。自主セミナーのターゲットとおぼしき人たちが集まっている異業種交流会に参加してください。名刺を交換しただけで終わってしまったとしても、目的はリストを集めることですから、それはそれでＯＫです。

## ②セミナー・勉強会への参加

セミナー参加はもちろん、より参加者と深くつながりやすい勉強会も積極的に参加を。

## ③交流会や勉強会のスタッフを買って出る

①や②に「お客さん」としてではなく、スタッフとして参加すると、さらに強い人間関係が築けます。**友人が主催するときなどは、率先して運営のお手伝いをしましょう。**

## ④ジョイントセミナーをして、もう1人の講師の顧客リストをもらう

友人・知人の専門家と組んでセミナーをするときは、互いの顧客リストが使えます。

## ⑤インターネットでターゲットを検索

税理士や社会保険労務士、小売業や飲食業など「ターゲットとする士業名や業種名、地域名」で検索すれば、かなり多くの告知先が入手できます。

商工会議所の企業情報サイト「ザ・ビジネスモール」(https://www.b-mall.ne.jp/)には、いろいろな中小企業が登録されています。「地域・資本金・業種」で対象を絞り、検索することができます。

1-7

集客

# 集客力が高いセミナーの3要件

「セミナーをするとき、いつも集客に苦労する」「セミナーを受講した人の評判はいいのだが、受講者がなかなか集まらない」「セミナー会場が満席になったことがない」――自主セミナーの実施で一番悩むのは「集客」ですね。集客力が高いセミナーの3要件をご存じでしょうか？　集客力が弱いセミナーは、3要件のうち、何かが不足しているのです。

## 要件① 興味を引くタイトルになっている

興味を引くことのできないタイトルは、「機能的」になり過ぎています。一方、集客力のあるタイトルは、「感情に訴えかける」ものになっています。「感情に訴えかけるタイトル」にすることで、「このセミナーは、私が知りたい内容に違いない」と思ってもらえるようになります。

## 要件② 参加しやすい条件が整っている

参加したいセミナーであっても、受講料が高ければ、参加できないということもあります。受講料が適切でも、地理的に遠かったり、日程が合わなかったりすれば、やはり参加できません。集客力が高くなるような、受講料・場所・日程を選ぶ必要があります。

## 要件③　セミナーの開催を多くの人に知ってもらっている

ほとんどのセミナー主催者が満たしていないのが、3つ目の要件です。すなわち、告知が効果的にできていないのです。どんなに企画を万全に準備しても、きちんと告知できていなければ、受講者を集めることができません。

告知する際は、①セミナータイトル、②セミナーで得られる情報、③セミナーの詳細情報が得られるサイトのアドレス、④セミナーを受講してもらいたいターゲット像、⑤セミナー内容（カリキュラム）、⑥セミナー受講者のメリット、⑦セミナー概要（日時や場所等）、この7つを必ず記載します。

これらを掲載した原稿を、フェイスブックやツイッターなどのソーシャルメディア、メルマガ、ブログ、情報掲載できるポータルサイトを利用し、できるだけ多くの人の目に触れるようにしましょう。潜在顧客との接点を増やすことが大切です。

これら3要件を揃えることで、自主セミナーの集客力は格段に高まります。

# 1-8

集客

# 「リストを枯れさせない」ようにするには

告知と集客を行なう場は数々あります。しやすいところからはじめていきましょう。

ここで気をつけていただきたいことは、**ひとつや2つの集客手段に頼らないこと**。単発のセミナーなら問題ありませんが、自主セミナーとは、何度も行なうものです。1回目や2回目でうまくいった集客手段でも、3回目以降、とたんに効果が薄れます。

この状況を「リストが枯れる」と言います。リストを枯れさせないためには、数少ない集客手段に頼っていてはいけません。**絶えず2桁以上の集客手段を持つ必要があります**。

ちなみに私は、士業やファイナンシャルプランナー向けに、「融資に強いFP・士業になる方法」というセミナーを毎月開催し、50名以上を集客することに成功しています。

そのために、50以上の集客手段を実行しています。それぞれの集客方法で1〜2名しか集まらなくても、50以上の手段を実行すると、毎月50名以上を集客することが可能となるのです。

告知と集客がスムーズ、かつコンスタントにできれば、自主セミナーだって長く続けることができるのですが、なかなかそうはいきません。

特に最初は「宣伝なんて、はしたないことはしたくない、内容さえよければ向こうから来てくれるはず」とお思いでしょう。

ものすごくよくわかります。実際にその通りなんです。セミナー内容が優れていれば、たとえ遠方でも、たとえ高額でも、受講者は集まってくれるものです。

しかし、あなたはまだデビューしたて。あなたの存在さえ、まだ多くの人に知られていません。ここはひとつ、別人に生まれ変わったつもりで、宣伝に邁進してみませんか。

最初が一番キツいと思います。でも、だんだんあなたの名前とセミナー内容が知られはじめ、少しずつ肩の荷が軽くなるのを感じられるでしょう。

大丈夫、私もそうだったのですから。

次ページに、私が実践している集客手段を載せておきますので、参考にしてください。

37 全国の生命保険代理店500社へのFAXDM

## ターゲットリスト保有先への告知依頼

38～49 A氏～L氏（12名）

セミナーポータルサイトでの告知

50 セミナーズ
https://www.seminars.jp

51 こくちーず
http://kokucheese.com/

52 セミナーサーチ
http://www.seminar-search.jp/

53 セミナー情報.COM
https://www.seminarjyoho.com/

54 セミナーネット
http://all-seminars.net

55 セミナーバンク
http://seminarbank.net

56 セミナーチャンネル
https://www.seminar-channel.net

57 セミスタイル
http://semistyle.jp

58 ビジネスセミナー探しの達人
http://www.good-seminar.com/

59 FIDELIビジネスセミナー
http://seminar.fideli.com/

60 イベントフォース
http://eventforce.jp/

61 セミナーBiZ
https://www.seminar-biz.com

62 MAINICHIセミナー情報
http://www.m-ag.co.jp/seminar/

63 ビジネス・セミナーガイド
http://www.crosslink.co.jp/seminar/index.html

64 ビジネスクラス・セミナー
https://www.bc-seminar.jp

65 専門家セミナードットコム
https://prosemi.com/

## 士業を対象としている事業者との提携

66 M生命保険会社

67 Aコンサルティング

68 F株式会社

69 株式会社M

70 株式会社T

71 M経営

72 T士会

73 M士会

74 G士会

75 S士会

76 F協会

## チラシ配布

77～89 A交流会～M勉強会

## ジョイントベンチャーによるセミナーでの告知

90～101 A氏～L氏（12名）

## 集客手段例

### 情報発信による告知

1 「講師・士業　繁盛ナビゲーター東川仁」facebookページ

2 「全国士業勉強会&交流会」facebookグループ

3 「FP/行政書士交流会」facebookグループ

4 「全国士業ネットワーク」facebookグループ

5 「全国FP（ファイナンシャルプランナー）ネットワーク」facebookグループ

6 「士業交流会Co-Lab(コラボ)」facebookグループ

7 「中小企業診断士」facebookグループ

8 「経営者・士業・専門家の交流会」facebookグループ

9 「経士会メンバーグループ」facebookグループ

10 「【商談用】士業専用ビジネス交流掲示板【士業】」facebookグループ

11 「全国経営者・起業家　交流会&勉強会」facebookグループ

12 「ビジネス会計・経理・財務の会」facebookグループ

13 ネクストフェイズブログ

14 ネクストフェイズメールマガジン

15 アメブロ

16 ツイッター

### 無料プレゼント応募者に対する直接メール

17 【お客は銀行からもらえ】スペシャルプレゼント応募者向け

18 【銀行から顧客を紹介してもらうための3ステップ】応募者向け

19 【90日で商工会議所からよばれる講師になる方法】SP応募者向け

20 【士業のための生き残り経営術】SP応募者向け

21 【依頼の絶えないコンサル・士業の仕事につながる人脈術】SP応募者向け

22 【持続化補助金採択率アップチェックシート】プレゼント応募者向け

23 【経営サポート情報】プレゼント応募者向け

### 有料広告

24 facebook広告

25 Yahoo!スポンサードサーチ

26 Yahoo!ディスプレイネットワーク

27 Google AdWords

28 Googleディスプレイネットワーク

### DM・FAXDM

29 関西・関東周辺の開業1年目以内税理士へのDM

30 関西・関東周辺の税理士へのFAXDM

31 行政書士へのDM

32 中小企業診断士へのDM

33 社会保険労務士へのDM

34 MDRTメンバーへのDM

35 生命保険会社20社の各支社へのFAXDM

36 関西・関東周辺の生命保険代理店100社へのDM

# 1-9 講師依頼につなげるために、自主セミナーへ招待すべき人

自主セミナーは場数を踏み、自分のコンテンツを磨き上げ、その数を増やす鍛錬の場であると同時に、自分のパフォーマンスを「見せることができる」場でもあります。

最終的には商工会・商工会議所などから「よばれる」講師になるために、あなたのパフォーマンスを**商工会・商工会議所などの担当者や、セミナーエージェントに見てもらいましょう**。遠方の場合は来てもらうのがなかなか難しいのですが、相手も実際の現場を見たいと思っているものです。ある程度の自信がついたら、「招待します」と声をかけましょう。

## ①商工会・商工会議所やエージェントに招待状を郵便で送る

あなたが商工会・商工会議所とすでにコネがある、エージェントに登録している、という場合なら、招待状を郵便で送りましょう。メールでもいいのですが、郵便で送ると先方も無下にはしづらいものです（されることもありますが）。招待状には、あなたの印鑑かサインを忘れずに。そして、送りっぱなしは御法度。送ったら、頃合を見計らって電話を

入れ、「もしご都合がつけば」とソフトにお誘いしましょう。ゴリ押しは厳禁です。

## ②商工会・商工会議所やエージェントを知っている友人に頼む

商工会・商工会議所とのコネがないなら、コネがある人に頼めばいいのです。あなたがその仲介役の人といい関係を保っているなら、きっと自分の知り合いの商工会議所などに、「ご招待したいということなので」と、声をかけてくれます。

大切なのは、あなたの自主セミナーの内容が充実しているかどうか、です。そうでないと、仲介役も困ります。受講者からの評判が上がってきて、ある程度レベルアップしてからにしましょう。

私も、商工会・商工会議所の担当者を友人や知り合いの自主セミナーへ誘ったことが何度かあります。そこで商工会議所の担当者がセミナーを気に入り、実際の講師依頼につながりました。本人はもちろんですが、仲介した私も嬉しかったですね。

「紹介したりされたり」は「お互いさま」です。あなたは今、まだお願いする立場かもしれませんが、将来、仲介役を頼まれるようになったら、快く紹介してあげましょう。

## 1-10

# ついうっかり……は厳禁！セミナーNG集

セミナー前日の深酒、当日の身だしなみなど基本的なことにも注意すべきですが、以下は私自身のセミナーや、多くのセミナーに参加した経験から得たタブー集です。

### ①「無料セミナー」はNG

ごく初期の身内を集めた場合を除き、**セミナーを無料にしてはいけません**。無料にすると、冷やかしや時間つぶしなどで来る受講者が増え、途中で携帯メールを打ち出すなど場の雰囲気を悪くします。いくら講師修行中の身でも、ある程度の料金は設定しましょう。

### ②「箇条書き程度の手控え」はNG

セミナー講師として慣れていないうちは、ひとつのセミナーについて、**少なくとも一度は、一言一句まで原稿を書きましょう**。セミナーはライブです。受講者の反応によって話題がそれたりブレたりすることもあります。そのときに戻れる原稿があるのとないのとでは、焦り度合いも変わります。また、大切なポイントを、話の流れに負けて落とすこともありません。

### ③「原稿を作って安心する」はNG

原稿を作ったら、**かならず「喋って」みてください**。口にすると、意外に時間がかかる話題、数分で終わる話題があることに気づくでしょう。そこで時間配分を組み直すのです。書いただけではわからない、おかしな言い回しや発音しづらい言葉もチェックできます。

### ④「他人の批判」はNG

最終的には顧客の獲得がセミナーの目的です。知識や技術のみならず、人間性もアピールしなければならない場で、他人の悪口は禁物。特に同業者批判には気をつけましょう。

### ⑤「時間を守らない」のはNG

終了時間を過ぎてしまうと、セミナー後に用事のある人は最後まで聞けず、会場側から終了を促されれば内容も尻切れトンボで終わります。会場を借りるときは、受付30分とセミナー後の名刺交換などの30分を含め、**セミナー時間＋最低1時間**は余裕をみましょう。

# PART 2

# こうすりゃあなたも商工会議所から「よばれる」講師になれる!

## 2-1

# 商工会議所からよばれるための7つのルート

自主セミナーで実績を積んだら、いよいよ商工会議所へアプローチをかける段階です。大きく分けて以下の7つのルートがあり、それをたどることで、商工会議所等でのセミナーが実現します。

### ①目当ての商工会議所等に直接アプローチ

商工会議所等の担当者とうまく関係を作ることができれば、その商工会・商工会議所からのセミナー依頼の確率は格段に高まります。能動的に動くことができるので、先方ニーズ等の情報収集がしやすい反面、一つひとつの商工会議所等への攻略に時間がかかって非効率というデメリットもあります。

### ②すでに商工会議所等でセミナーを行なっている人から紹介してもらう

私も時々、自分が赴いたセミナー先で、「○○について面白そうな話をしてくださる先生をご存じありませんか」と尋ねられます。尋ねられれば、ぜひお応えしたいと思うのが人情。しかし、よく知らない人を紹介することはできません。これまで紹介してきたのは、私が参加したことのあるセミナーの講師、セミナーに参加したことはなくても、どんな人柄でどんな話をどんなクオリティで展開できるかを知っている方々です。こういった「紹介」ルートで道が拓けることも多いのです。

## ③商工会議所でセミナーをしている講師のアシスタントをする

いきなりセミナー講師としてデビューするのではなく、セミナー講師をしている方のアシスタントとして、商工会議所の担当者と関係を作り、自分の講師依頼へとつなげる方法です。メインの講師の後押しもあるため、比較的、講師依頼につながりやすい方法です。

## ④自主セミナーに商工会議所の担当者を招待する

商工会や商工会議所の担当者とのコネクションができれば、直接、自主セミナーの招待状を渡しましょう。実際に見ているのと、見ていないのとでは、担当者がセミナー企画書を作成する際の熱意も変わってきますから。

## ⑤地道な情報発信を続け、担当者に見つけてもらう

担当者が講師を決めるのは、講師やエージェントからのアプローチによるものだけではありません。担当者が、自分の企画したセミナーで話せる講師を探すこともよくあります。地道に情報発信をすることで、担当者のアンテナにひっかかることもあります。

## ⑥セミナーエージェントに登録し、売り込んでもらう

「セミナーエージェント」とは、さまざまな企業・団体・行政機関等から依頼を受け、講師を紹介・派遣する会社のことです。依頼元は、商工会・商工会議所だけでなく、「企業」「業界団体」「官公庁」「学校・ＰＴＡ」「宗教法人」「労働組合」「金融機関」「農協（ＪＡ）」「マスコミ」「病院」など多岐にわたります。エージェントに登録してよい関係ができれば、**あなたに代わってあなたを積極的に売り込んでくれます**。自分では考えていなかったような商工会や商工会議所からセミナー依頼が来ることもあるでしょう。その反面、自分で動くわけではないので、登録後はただ依頼を待つのみになりがちな点は指摘しておかねばなりません。もちろん待機するだけでなく、登録後にエージェントに何度も足を運んで距離

を縮めれば、依頼の回数も上がるでしょう（詳しくはPART3）。

## ⑦講師オーディションに参加する

商工会議所やセミナーエージェントの担当者にとって、講師の開拓はとても重要な業務であるにもかかわらず、日常の業務に追われて後回しになりがちなのが実情です。講師候補を一度に見ることのできる講師オーディションは、担当者にとって効率的に講師を開拓できる方法なので、積極的に参加します。一番、講師としてのチャンスをつかみやすい場であるかもしれません。

## 2-2 商工会議所担当者が講師を選ぶときに見る4つのポイント

商工会議所担当者が講師を選ぶときに見るポイントは、４つあります。このポイントを外しているために、ゴミ箱直行となる企画書が少なくありません。

### ①セミナータイトル

どれだけ素晴らしい内容のセミナーでも、まずタイトルで興味を引かなければ、選ばれることはありません。担当者がセミナーの企画を立てる場合、テーマが決まっているケースと、決まっていないケースとがあります。テーマが決まっている場合、そのテーマに沿った企画を選びます。そのときに、提出したセミナーの企画が、そのテーマに沿ったものであれば、まな板の上にのせてもらうことができますが、そのまな板の上には他の同様の企画書ものっています。「タイトル」に特徴があれば、それだけで優先的に企画書を見てくれます。最初に見た企画書の内容がよければ、そのセミナーが採用されるというパターンが多いですね。また、テーマが決まっていない場合は、届いた企画書の中から「面白そうな感じのするもの」が選ばれる傾向にあります。たとえば、「人材採用セミナー」というタイトルの企画書と、「応募者に『あなたの会社で働き続けたい！』と言わせる採用テクニック」というタイトルの企画書があったとしたら、どちらのタイトルのセミナーに行きたいですか？　どちらを選ぶのか、一目瞭然ですよね（詳しくはＰＡＲＴ４）。

## ②実績

実績のない講師が選ばれることはありません。**実績のない講師は、採用する側にとってもリスクが高く、どうしても避けられる傾向にある**のが現実です。自主セミナーでも構わないので、最低10回のセミナー実績は欲しいものです。

## ③評判

他の商工会議所で行なったセミナーの評判を聞いて、その講師にセミナーを依頼するということは、結構よくあります。担当者があるセミナーテーマを考えるときに、まず調べるのが、別の商工会議所で行なわれた同テーマのセミナー。そのセミナーの担当者が知り合いだった場合、必ずその時の感想や評判を聞きます。そして、評判が高ければ、ほぼ、その講師は採用されます。商工会議所でのセミナー実績がない場合は、「評判」の問い合わせはしてもらえませんが、セミナー企画書に、「受講者の感想」という形でいい評価の感想を書いておけば、「評判が高いセミナーだったのだな」と思ってもらえますので、採用される確率を高めることができます。

## ④オリジナリティ

オリジナリティがないセミナーの内容だと、「誰に話してもらっても同じ」ということになるので、わざわざ、あなたを指名する必要はありません。あなただからこそ話せる内容になっていないと、選んでもらえないことになります。オリジナリティを出すために必要なのは、「事例」。特に、自分が経験した「事例」は、他の方には話せません。また、臨場感たっぷりに伝えることもできます。他の誰でもない、あなただけができる話を、商工会議所の担当者は求めているのです。

企画書
応募者に
『あなたの会社で
働き続けたい！』と
言わせる
採用テクニック
実績
登壇20回
評判
オリジナリティ

2-3

ルート①

# 商工会議所に直接アプローチする いきなり企画書を送ってもムダ！ 前編

ここから、商工会議所へ直接アプローチする方法をお伝えします。

まず最初にお話ししておきたいのは、**いきなり目当ての商工会議所等に企画書を送りつけるのはムダ**だということです。


商工会議所の担当者がセミナーの企画を考える際、２つのパターンがあります。

ひとつは、担当者の頭の中に「○○というテーマのセミナーを実施したい」と、はっきり決まっているパターン。このパターンの場合は、そのテーマで話せる講師を探します。

もうひとつは、担当者自身に具体的なアイデアはないが、何本かのセミナーの企画を考えなければならなくなったパターン。この場合、面白そうなセミナーテーマを探します。

どちらのパターンにせよ、講師を探す際に重視するのは、「話のクオリティ」です。

見ず知らずの講師からいきなりセミナーの企画書を送られても、その人がどういう人柄かわかりませんし、その人が上手に話をするのかどうかもわかりません。

企画書を見ただけで、その講師のクオリティを確かめずにセミナーを企画・運営したところ、とても不評で参加した受講者からクレームをつけられたという経験をもつ担当者は大勢います。

このため、企画書を送られたとしても、講師の話のクオリティがわからない以上、そのままスルーしてしまうことが多いのです。

担当者の頭の中で開催したいセミナーのテーマがはっきりしているときに、送られてきた企画書が自分の考えるセミナーテーマとぴったり合致した場合、興味を持ってくれますが、そんな幸運は確率的にとても低いと言わざるを得ません。

相手にとってあなたは全然知らない人、実績の信憑性が確認できず、クオリティも確認できない。そんな人物から送りつけられたセミナーの企画書が好意的に受け取ってもらえるワケがありません。

だから、いきなり企画書を送りつけてもムダなのです。

# 2-4

ルート①

# 商工会議所に直接アプローチする 自分がしたいジャンルのセミナーに参加する 後編

商工会議所から直接講師依頼をもらうためには、まず、商工会議所にコネクションを作るところからはじめましょう。あなたが開催したいテーマと同様のセミナーに参加して、商工会議所の担当者に挨拶するのです。

このとき気をつけたいのは、**まず講師に挨拶すべきであって、いきなり担当者のもとに行かないこと**。こちらの意図、わかりやすくいえば「ギラギラ感」がみえみえでは、相手に引かれてしまうからです。

まず講師に挨拶してから、担当者にお礼と感想と述べます。だいたいこんな感じになるでしょう。「有益なセミナーをありがとうございました。数々のアイデアをいただき、多くのことを学べました。素晴らしい企画だったと思います」。そして、こう尋ねます。「ところで、このようなセミナーはよく行なっていらっしゃいますか？」と。

今回のお礼と感想だけでなく、他のセミナーにも興味があることを知れば、相手もいろいろと話してくれるでしょう。ここからがあなたの腕の見せ所です。いきなり「私もセミナーしてみたいのですが」なんて売り込んではいけません。ギラギラ感は抑えるべし。軽い世間話などをして、「また近くに来たときにでもお寄りしていいでしょうか。詳しいお話をぜひまたお聞きしたいので」と提案してみてください。まずNOとは言われないだろうと思います。OKがもらえたら、後は折に触れて訪問し、少しずつ担当者との距離を縮めていきましょう。

2回目の訪問や3回目の訪問で企画書を見せるのもNG。まだ「ギラギラ感」が透けて見えます。4回目ぐらいの訪問くらいから、企画書を持参し、自分のセミナーについて説明してOKなタイミングです。**一発で決まることは稀で、さらに何度か会って仲よくなることで、セミナー採用の確率が高まる**と考えるべきでしょう。大切なのは、何度も顔を合わせて、先方に**親近感と安心感を持ってもらうこと**です。世間話のついでに先方のニーズを探って、それをあなたのセミナー内容・企画書に反映させるのもいいですね。

有効なのは、仲よくなった担当者を自分のセミナーに招待して、そのクオリティを見てもらうことです。特に高額のセミナーの場合は効果が高いようです。その内容が面白く、クオリティが高いと認識してもらえたら、早いうちにセミナー依頼が来ることもあります。

## 2-5

ルート②

# 商工会議所でセミナーを行なっている人から紹介してもらう

これは私が講師をはじめたばかりの頃、しばしば体験したルートです。

今では「紹介される」でなく「紹介する」ケースが多く、私が赴いたセミナー先で尋ねられるのです。「〇〇について面白そうな話をしてくださる先生をご存じありませんか？」と。

こう尋ねるのは、首都圏や大阪周辺ではなく、地方の商工会議所が多いようです。遠くに住んでいる私（大阪）に尋ねるのですから、私が紹介する講師も私の近くに住んでいると予想しています。

ということは、交通費負担は織り込み済み。つまり、それだけの交通費を追加で支払ってでも話してもらいたい内容＝ニーズがあるということなのです。でも、このニーズは広く知られることはありません。たまたま、縁あった私に流れてきた情報です。

そもそも、「教えてほしい」と言われたら、嬉しくなって腕まくりして応えたくなるものです。先方も私のセミナーを気に入ってくださったからこそ（だと思います）、紹介を依頼してこられるのであり、その信頼に応えるためには、私もよく知らない人を紹介することはできません。

これまで、私が受講したセミナーの講師の方や、セミナーに参加したことはなくてもどんな人柄でどんな話をどんなクオリティで展開できるかを（私が）知っている方々を、数多く紹介してきました。

つまり、**自分のセミナー内容や面白さを、普段から多くの人に知っておいてもらうことが有効**なのです。

「人脈が大事」だなんて、ごく当たり前のことで、あらためて口にするのも恥ずかしいくらいなのですが、やっぱり奏功することが多いもの。

「セミナーをしたいから企画書をがんばって作る、張り切ってアプローチする」のも重要ですが、**あなたの周りの人々が、意外なニーズをたまたま握っている**こともあるのです。

普段からのおつき合いを、どうか大切にしてください。

## 2-6

ルート③

# 商工会議所でセミナーをしている講師のアシスタントをする

「創業塾」や「経営革新塾」、「二代目経営者育成塾」等、商工会議所によっては、「シリーズもの」とよばれる3回～5回ぐらいの講座（シリーズ講座）を実施しています。これらは同じ講師が全講座を担当することが多く、その分、商工会議所の担当者と良好な関係を構築できています。

人気の高いシリーズ講座では、班ごとに分かれて受講者同士の「ワーク」をすることがあり、講師1人では手が足りなくなることがあります。そんなときにアシスタントがいれば、講師をこまめにサポートできて、受講者の満足度はより高まります。その結果、商工会議所の担当者に喜んでもらうことができるのです。

シリーズ講座を行なう際は、講師と担当者は頻繁に打ち合わせをします。その場に同席すれば、必然的に担当者と接触する機会が増え、自然とよい関係を築くことができます。

仲よくなった頃にタイミングを見計らって、「私も、こんなセミナーをしているのですが、一度、この商工会議所でも開催を検討してもらえませんか？」とお願いすることもできま

す し、「今、この商工会議所ではどのようなセミナーを開催しようと考えられているのですか?」とヒアリングを行なった上で、相手が望んでいる企画を提案すれば、採択される可能性も上がるでしょう。

では、どうすれば講師のアシスタントになれるのか? 商工会議所でセミナーをしている講師のアシスタントをするために有効なのが、**「創業塾」や「経営革新塾」等に参加すること**。受講生になることで、講師と会う機会は当然増えます。そして、**講座の中では「よい受講者」に徹し、講師の自分に対する印象をよくします**。

講師は、受講者が真剣に聞いているかどうか、話をしながら一挙手一投足をチェックしています。「講座の際は、前方に座る」「一生懸命、聞く姿勢を見せる(うなづき、ノート取り等)」「積極的に質問をする」という姿勢を見せましょう。

いい受講者になることができたら、次にするのは**相談**です。講師は、受講者から相談されたら真剣に答えようとします。何度も相談に乗っているうちに、講師と受講者の距離は近づくので、そこで「次のシリーズ講座のときは、私もお手伝いさせてもらえませんか?」とお願いすると、大抵の講師は断りません。そのようにして、「アシスタント」の地位を確保するのです。

ろいろな質問を受けます。人当たりのいい深田さんは、それらの質問一つひとつに、丁寧に答えていました。

ある時、多くの仲間から聞かれる内容が似通っていることに気づいた深田さんは、質問内容をまとめて伝えてあげれば仲間の役に立てるのではないかと思い、商工会議所の担当者に提案します。

「今回参加している創業希望者の方々からもらった質問をまとめました。多くの方が、同じようなことで悩んでいるみたいです。もしよろしければ、この内容について全員にご説明する時間をいただきたいのですが、よろしいでしょうか?」

ディスカッションの際、丁寧に説明している姿を見ていた担当者は、彼の利他的な姿勢に感心していたので、彼の提案は聞き入れられます。

結果、深田さんは「税理士に聞きたい。創業者のよくある質問」という30分ほどのミニセミナーをその創業塾で行なったのです。講師経験がほとんどなかったにもかかわらず、彼のミニセミナーは好評でした。何と言っても、「受講者の聞きたいこと」について話をしたからでしょう。

自信をつけた深田さんは、商工会議所の担当者に「もし、来年も創業塾をするようでしたら、今回のように私が登壇する場を与えてくれますか?」と尋ねたところ、承諾してくれました。

そして翌年、晴れて正式に商工会議所での講師デビューとなりました。

それから、その商工会議所では、税理士に話してもらう必要のあるセミナーのときには、深田さんに優先的に依頼するようになり、深田さんの登壇の機会が増えていったのです。

COLUMN 1

# 参加者として創業塾に参加し、よばれる講師に

●

大阪の税理士・深田壽さんも、商工会議所からよばれる講師になった1人です。

きっかけとなったのは「創業塾」でした。といっても、最初から「創業塾」の講師として登壇していたわけではありません。最初、深田さんは受講生でした。

深田さんは、創業塾に参加する1ヵ月前まで、ある税理士事務所に勤めていました。ところが、あることがきっかけで急に独立することになります。それまで記帳代行や税務の仕事しか経験したことがなかった深田さんは、どうやって顧客を獲得すればいいのか、どうやって事務所を経営していけばいいのか、まったくわからない状態でした。

彼は、それらの知識を身につけたいという思いで創業塾に参加しました。創業塾にはいろいろな職業の方が参加していましたが、税理士で参加していたのは深田さんだけでした。

創業塾では、講師の話を聞くだけではなく、仲間である創業希望者とディスカッションをする時間がたくさんあり、多くの創業希望者と知り合うことができました。

税理士という立場上、ディスカッションの最中に、多くの仲間からい

2-7

ルート④

# 自主セミナーに商工会議所の担当者を招待する

百聞は一見にしかずと言いますが、商工会議所やセミナーエージェントの担当者が、講師を選ぶ際に、**自分で、そのセミナーを見たかどうか**ということは、とても大きな影響を与えます。

セミナー企画書の「受講者の声」の欄に、評価の高いコメントが、たくさんあったとしても、疑い深い担当者の場合、「これ、本当に受講者の声なのか？」と１００％信じないこともあります。

これが、自分が実際に見たセミナーであれば、その受講者の声が正しいかどうかを正確に判断することができます。**自分の目で見た感想と、「受講者の声に書かれている高い評価」とが一致した場合、まず間違いなく、その講師に依頼をします。**

だから、担当者に自分のセミナーを見てもらうことは、とても重要なのです。すでに書いたように、確実にセミナーを見てもらうために効果的なのは、「自主セミナーに招待する」

ことです。

まったく関係性が構築できていない状況で「自主セミナーをするので、見に来てください」とお願いしても来てくれることはありませんが、担当者と会う機会を増やし（担当者が企画したセミナーに、積極的に受講しにいく）、フランクに話せる状態にした上で、「一度、私のセミナーを見に来てくださいよ」とお願いすれば、見に来てくれるようになります。

セミナー会場として、その担当者が所属する商工会議所を借りることができれば、担当者の移動時間をゼロにすることができるため、なお、見に来てくれる確率は高まります。

また、あらかじめ担当者に「今、どのようなセミナーを求められているのですか？」「いつ頃なら、比較的、時間に余裕が取れるのですか？」とリサーチしておくことも重要。

担当者が望んでいるセミナーを企画し、担当者の余裕のある時間帯を選び、担当者が働いている商工会議所のセミナールーム（会議室）を借りて、「○○さんの求めているセミナーを企画しました。○月○日に、自主セミナーをここの会場でしますので、一度、見に来てもらえませんか？」とお願いすると、よほど急な用事が入っていない限り、少しの時間だけでも見に来てくれます。

## 2-8

### ルート⑤

# 地道な情報発信を続け、担当者に見つけてもらう

商工会議所の担当者が講師を見つける方法のひとつに「検索エンジンで探す」というものがあります。

担当者が「こんな内容のセミナーをしたい」と、企画しているセミナーがあったとします。テーマは決まったものの、講師が決まらない。そんなときに、担当者は「セミナーテーマ名」「セミナー」「地名」というキーワードで、検索します。

たとえば「資金調達　セミナー　大阪」というような検索のしかたです。

検索した結果を踏まえて、出てきたサイトやブログをチェックします。その内容を見て、依頼したいと考える講師をピックアップします。ピックアップした中から依頼する講師を選ぶのは、商工会議所担当者にとってよくあるパターンです。

講師としてピックアップされるためにしておくべきことは、「ブログやメルマガで継続

的に情報発信すること」「サイトには顔写真を載せておくこと」「プロフィールを充実させること」の3つです。

## ①ブログやメルマガで継続的に情報発信すること

ブログやメルマガにおいては、自分の得意とするセミナーと関連する内容を継続的に発信します。継続的に情報発信することで、担当者から、「この講師は、このセミナーに関する情報に詳しい」と思ってもらえるからです。記事に「事例」をふんだんに使うことで、より、その効果を高めることができます。

## ②サイトには顔写真を載せておくこと

はじめて講師を依頼する相手ですから、担当者も「この講師はどんな方なのか。変な人ではないだろうか」と不安を感じます。サイトで講師候補の顔を見ることができれば、それだけでも、不安が減ります。顔を見ることで、「この人は得体の知れない人ではない」と安心できるのです。掲載する写真は、難しい顔をしているものよりは、満面に笑みを浮かべている写真のほうが、より安心してもらえるということは、言うまでもありません。

## ③プロフィールを充実させること

ブログやメルマガを読むことで「この講師は、セミナーで受講者に伝えるだけの知識やノウハウ、事例を持っている」と認識した担当者が、次に気にするのは、「この人はどんな人？」ということ。

次に見に行くのは「プロフィール」なのです。プロフィールが履歴書のように、これまでしてきた仕事の羅列だけだと、興味を持ってもらえません。

プロフィールは、「この講師は、このセミナーを行なうに値するキャリア・経験等があるのか」ということが読み取れるものではないと、効果を発揮しないのです。

継続的な情報発信はなかなか難しいものですが、満面の笑みの写真やプロフィールはすぐにでも準備できると思いますので、まずは準備できるものからはじめましょう。

選ばれる講師になるためのプロフィールの書き方はＰＡＲＴ４でお伝えしますので、そちらを参考にプロフィールを作ってください。

COLUMN 2

# 知人の講師のコネを活かして、商工会議所の担当者を自主セミナーに招待

●

プライベートな知人を介して知り合った広報ジャーナリストの福満ヒロユキさんは、「TV・新聞・雑誌への無料掲載（プレスリリース）のノウハウがこの1日で身に付く【最強! プレスリリース実践セミナー】」を行なっていました。

1日中とはいえ、2万9800円ですから、当時としてはけっこう高額なセミナーです。

この自主セミナーに、私も知人のよしみで、既知の商工会議所の担当者を数多く招待しました。そのうちの1人が、セミナーで身につけたノウハウを活かして自分の所属する商工会議所の会員さんにアドバイス、福満さんもそれを親切にも無料で手伝い、実際にプレスリリースを出したら、本当にマスコミからの取材が来たのです!

セミナーの効果を実感したその担当者が、自分の商工会議所でのセミナーを依頼したのはいうまでもありません。その後は商工会議所の担当者のヨコのつながりで評判が広まり、現在、福満さんは著書も出版し、商工会議所からひっぱりだこの「よばれる」講師になっています。

福満ヒロユキ氏著書『メディアを動かすプレスリリースはこうつくる!』（同文舘出版）

2-9

ルート⑥

# セミナーエージェントに登録し、売り込んでもらう

セミナーエージェントとは、全国各地のさまざまな組織（商工会議所等、業界団体、企業、学校など）へ、あなたに代わってあなたのセミナーを売り込んでくれる企業です。芸能人にとっての芸能事務所のようなもの、と考えてください。

「自分の代わりに営業活動してくれるのはありがたい。でも、どれだけコミッションがかかるのか……」。あなたの不安はよくわかります。しかし、私の経験からお話しすると、**一般的なエージェントは、こちらが驚くような法外なコミッションを設定することはありません。また、エージェントに登録すると仕事量が増え、さらにエージェント経由のほうが直接仕事を受けるよりギャラが高額化する傾向にあります。**

商工会議所に企画書を送りつけても、会ったことのない講師の場合、採用されることはほとんどないとお伝えしましたが、例外が「セミナーエージェント経由」での紹介なのです。エージェント会社からの紹介の場合は、会ったことのない講師でも採用してくれます。

エージェント会社の目利き力を信頼しているからです。

エージェント会社には、日本全国の商工会議所から「こんなテーマで話せる講師はいないか？」という問い合わせがたくさん来ます。

また、エージェント会社側からも、「こんなセミナーをすれば、会員さんに喜んでもらえると思いますよ」と提案をしています。

セミナーエージェント会社は、商売柄、商工会議所のニーズを把握しています。このため、送られてきた企画書を見て「このセミナーなら、商工会議所に興味を持ってもらえるのではないか」とピンとくるものがあれば、コンタクトをとってきます。

エージェント会社の担当者もプロですから、会って話を聞いていると、その講師が、話がうまそうかどうか、ある程度わかります。話がうまそうだと判断されると、その講師を商工会議所に売り込んでくれるというわけです。

そうしてセミナー開催にこぎつけ、商工会議所から高い評価をもらえたら、他の商工会議所にも「○○商工会議所で、とても満足度が高かった講師です」と、どんどん売り込んでくれます。ひとつの商工会議所でヒットを飛ばすことができれば、全国の商工会議所でセミナーを行なうことも可能になるのです。

2-10

# セミナーエージェント会社と、エージェント会社への登録方法

世間には、数多くのセミナーエージェント会社があります。私はすべてのセミナーエージェント会社を知っているわけではありませんが、商工会議所に講師を紹介しているセミナーエージェント会社と、その登録方法について紹介させていただきます。

左の4社の他にも、いろいろなエージェント会社がありますが、自分に合ったエージェント会社を選ぶことで、商工会議所で活躍する場を増やすことができるようになります。

### ①株式会社日経コンサルタント

商工会議所に日本で一番多くの講師を派遣しているセミナーエージェントです。1976年設立と、40年以上の歴史を誇っています。この会社は、担当者が商工会議所に対して、最低年に一度は足を運んでいるので、いろいろな担当者との関係が深く、優先的に講師派遣依頼をもらっています。対外的に登録講師を募集してはおらず、既存講師の紹介や、講師オーディションでの講師発掘がメインとなっています。

**日経コンサルタントホームページ ▶** http://nikkei-cst.jp/

### ②株式会社システムブレーン

講師派遣業界最大手の会社です。商工会議所だけではなく、商工会、企業、業界団体、労働組合、自治体、学校、医療機関、福祉団体等にも手広く講師を派遣しています。設立は1978年。こちらも設立40年以上となっています。インターネット上で講師登録はしているものの、業界最大手だけに、登録を希望する講師が後を絶たず、登録できても、なかなか講師派遣につながらないこともあります。ホームページが充実しており、商工会議所が講師を探す際にこのサイトを見るというケースがよくあります。ですので、ここは、登録しておくだけでもいいと思います。

**システムブレーンホームページ ▶ https://www.sbrain.co.jp/**

### ③株式会社ペルソン

「講演依頼.com」というサイトを運営しているエージェント会社です。設立は1995年と、上記2社に比べて歴史は浅いです。セミナー講師だけでなく、研修講師の派遣も行なっています。どちらかというと、商工会議所より企業系のセミナー派遣が多いようです。2017年6月現在の登録講師数は7,100人弱。公募で講師を受けつけています。

**講演依頼.comホームページ ▶** https://www.kouenirai.com/

### ④株式会社ブレーン

システムブレーンと似たような名前ですが、関係はまったくありません。主なクライアントは、商工会議所、商工会、法人会などの商工団体。金融機関、シンクタンク、ロータリークラブ、ライオンズクラブ、経営者協会、青年会議所などの経済団体。公共団体、民間企業、各種組合となっています。講師にもよると思いますが、いろいろな講師の話を聞いてみると、他のセミナーエージェントより、講師料は安めになっている傾向があります。

**株式会社ブレーンホームページ ▶** http://www.kkbrain.co.jp/

## 2-11

# セミナーエージェント登録後にすべきこと

高いハードル、低いハードル、どのタイプのエージェントを選ぶにしろ、登録の後にぜひ実施すべきことがあります。それは、**登録完了後、そう遅くないタイミングで担当者を訪問すること**です。

多数の登録講師を抱えるエージェントでは、並み居る登録講師の中で特に自分を売り込んでもらうのはなかなか難しいもの。

もちろん、企画書でセミナー内容をある程度知ってもらうことはできますが、話のうまさ、あなたの持っている雰囲気、セミナー内容の本当の面白さ、人柄などは、実際に会ったほうが何十倍も伝わります。

「この講師を、あの商工会や商工会議所へ紹介したら、先方は喜んでくれるのではないか」と担当者がイメージできれば、あなたのことを積極的に売り込んでくれるようになるでしょう。

そのためには、**担当者と実際に顔を合わせて自分の強みや特長を直接アピールするのが効果的**です。面談時には、10～15分程度のミニセミナーの内容を仕込んで行けば、セミナーの雰囲気、内容、面白さがより伝わりやすくなるでしょう。

その後、セミナーの依頼がなくても、**情報交換のために定期的に接触**していれば、担当者もあなたのことを意識に留めておいてくれます。

エージェントの担当者も人間ですから、何度も顔を合わせた相手に悪い感情を持つことはありません。くれぐれも、焦らず、ゆっくりと関係を構築してください。

ただしエージェントによっては、**営業目的の訪問を断っているところもありますので、事前に確認の上、訪問してください**。

ニケーションツールなんですよ」と説明すると、「面白そうですね。詳しく聞かせてください」と話が広がっていきました。

福田さん自身は「個性心理学に関するセミナーが商工会議所に受けるはずがない」と思い込み、そのテーマを提案することなど考えてもいなかったのですが、担当者はそちらのセミナーのほうが商工会議所のニーズが高いと、魅力を感じたようです。

後日、雑談を元に担当者がセミナー企画を考え、「顧客満足を実現する！　個性心理学」という内容で商工会議所に営業をかけたところ、10ヵ所以上の商工会議所からセミナー依頼があったそうです。

セミナーエージェントは商工会議所のセミナーについてはプロフェッショナルなので、どういうセミナーが商工会議所に受けるのか、目利きができますし、少しでも「受けそうなネタ」があれば、そこに食いついて「売れるセミナー企画」を開発してくれます。

セミナーエージェントの担当者と仲よくなることで、その担当者は、あなたの中に眠っていた「売れるセミナー企画」を発掘してくれることもあります。ぜひ、積極的に担当者と雑談されることをお勧めします。

COLUMN 3

# 「売れるネタ」を担当者に発掘してもらって売れっ子講師に

●

エージェントの担当者と何気ない会話をすることで、自分のセミナーネタを引き出してもらえることはよくあります。

イメージコンサルタントをしている株式会社ディビーナの福田紘子さんは、「人見知り男性だからこそできる 90 日でパートナーを引き寄せる方法～女性が好む『見た目』『聴き方』『話し方』」という企画を、セミナーエージェントの担当者に提案しました。「なかなか結婚できない二代目経営者や従業員」のための婚活イベントを行なっている商工会議所があると聞いていたからです。

商工会議所向けにこうしたセミナーを提案する講師の方があまりいなかったため、この企画でエージェントが商工会議所に営業することになり、実際にいくつかの商工会議所で採用されました。

企画を提案した後の雑談で、福田さんは担当者に「今まで、どういう仕事をされてきたのですか?」と尋ねられました。雑談ということもあって、自分の経歴についてプロフィール欄に書いていないことまで語る中、「個性心理学を学んでいます」という話に、担当者が食いついてきました。

「個性心理学とは、人間の個性を動物のキャラクターにあてはめることで、誰にでもわかる、イメージ心理学として体系化されたコミュ

## 2-12

ルート⑦

# 講師オーディションに参加する

商工会議所やセミナーエージェントの担当者にとって、自分の目で講師のパフォーマンスを見ることができれば、そのセミナーがいいセミナーか、そうでないかは判断できます。本来であれば、担当者自ら、いろいろな講師のセミナーを聞きにいき、新たな講師を発掘するのは重要な業務なのですが、日常の業務に追われて、後回しになりがちです。

そんな商工会議所やセミナーエージェントの担当者にとってありがたいイベントが「講師オーディション」です。講師候補を一度に見ることのできる講師オーディションは、担当者にとって、効率的に講師を発掘できる方法なので、招待されれば積極的に参加します。ただ、講師オーディションならどんなものでも参加するというわけではありません。巷では、いろいろな「講師オーディション」が開催されていますが、商工会議所に講師を派遣しているエージェントの担当者が参加する講師オーディションには、いくつかの条件があります。

①商工会議所向けセミナー内容の講師が集まっていること
②出演する講師の質が高いものであること
③担当者とオーディション主催者が懇意な関係であること

この条件に合致しないオーディションには、たとえ主催者から招待があっても、参加しません。その理由を説明すると、

## ①商工会議所向けセミナー内容の講師が集まっていること

「中小企業や小規模事業者が自社の経営に役立てることができるような内容のセミナー」を商工会議所は求めています。

一般的な「講師オーディション」や「セミナーコンテスト」などでは、商工会議所で使えるようなテーマの出場者が少ないため、担当者が参加しても、あまり、めぼしい講師を発掘できないからです。

## ②出演する講師の質が高いものであること

「講師オーディション」の中には、エントリー者が少なく、それゆえに、参加講師のレベルが低いものも少なくありません。

レベルの低いオーディションに参加しても、商工会議所で使えるような講師が見つかりにくいので、担当者は、事前に、招待されたオーディションの実績をチェックします。

歴史が浅く、運営があまり上手でなさそうなオーディションには、参加したがりません。

## ③担当者とオーディション主催者が懇意な関係であること

きちんと運営している「講師オーディション」も、たくさんありますが、そうでないオーディションも少なからず存在するため、「怪しそうな主催者」のオーディションには、担当者は絶対に行きません。

担当者が所属している商工会議所やエージェントの依頼を請け、セミナーをした講師が主催するオーディションなら参加します。

商工会議所は、常に講師を探しています。ただし、「ものすごいスター講師」を探しているわけではありません。

中小企業の経営者が抱える「問題の解決方法」を持っている講師
同じテーマでも、「独自の切り口」から伝えられる講師
難しいテーマでも「わかりやすく」伝えられる講師
専門性が明確で、現場で培った「ノウハウ」と「情報」が新鮮な講師

こんな講師が求められています。

オーディションに参加して「商工会議所が求めている講師」と判断してもらえると、その場で、講師依頼につながることも少なくありません。

「商工会議所向けセミナー内容の講師が集まっている」「出演する講師の質が高い」「担当者とオーディション主催者が懇意な関係である」という3つの条件を備えた「講師オーディション」を見つけることができれば、積極的にエントリーをすることをお勧めします。

チャンスが広がりますよ。

その結果、半年で 10 以上の商工会議所から講師としてよばれるようになり、そこでの評判を聞いた別の商工会議所からも依頼が殺到し、せっかくのオファーを断らざるを得なくなるほどの人気講師となりました。

多忙な本業のかたわら、商工会議所には珍しくリピートオーダーされる「弁護士講師」として、現在も大活躍しています。

COLUMN 4

# 講師オーディションで見初められ、売れっ子講師へ

士業の方を対象に「商工会議所から講師としてよばれる方法」というセミナーを行なったところ、STORIA 法律事務所の杉浦健二さんから「私も商工会議所でセミナーができるようになりたいです」と相談されました。

そこで「商工会議所によばれる講師オーディション」が1ヵ月後に行なわれること、現在、出場者を募集していることを伝えると、さっそく彼はオーディションにエントリーしてきました。予選審査の際に審査員からもらったアドバイスを活かし、54 名中8人という狭き門をくぐり抜け、杉浦さんは見事、本戦進出を果たしました。

「受講者の興味を引きつけるキャッチーなタイトル」「一瞬にしてつかむ自己紹介」「先がどんどん聞きたくなるストーリー展開」等、徹底的に磨き上げたセミナーを行ない、審査していた商工会議所やセミナーエージェント担当者から高い評価を得ることができました。

どれだけ高評価だったかと言うと、その場にいた審査員全員から、オーディション当日に出演オファーをもらったのです。

## 2-13

# 集客に協力できることをアピールする

セミナー講師としての採用確率を上げるために有効なのが、**「私は積極的に集客に協力します」という意思表明**です。なぜなら、セミナー担当者が一番頭を悩ませるのが、「集客を成功させること」だからです。

普通、ビジネス系のセミナーなら15～20名集まれば御の字でしょう。少ないよりも多く集めたほうが、担当者が会議所内で高く評価されるのは当然です。集客が少ないと叱られたり嫌みを言われたり、また、不人気セミナーが続くと「あいつにセミナーを企画させられない」という悪評が立ち、肩身の狭い思いをすることになります（内部関係者情報）。

しかし、商工会・商工会議所の担当者も日々忙しく、集客に割ける時間はそう多くありませんし、集客アイデアや方法を豊富に持っているわけではありません。せいぜい、会員さん宛てにダイレクトメールを送るか、チラシを作成して関係先に送っておいてもらうくらいです（ただし、集客力のある商工会議所もいくつかあり、すでに多彩な集客手段を実行していることもつけ加えておきましょう）。

だからこそ、あなたの集客協力は嬉しいのです。もちろん「協力します」という気合いだけではダメですよ。「どう協力するのか」を具体的に見せる必要があります。

## ①直接的に集客協力

あなたの人脈に直接働きかけます。異業種交流会、各種勉強会・セミナー、名刺交換会などで出会った人々、あなたの自主セミナーに参加してくれた人々に、メールなどでセミナー案内を送って参加を呼びかけることを、商工会議所の担当者にアピールしましょう。

## ②間接的に集客協力

あなたのホームページやフェイスブック、ツイッター、LINE等のSNSにセミナー内容を告知したり、セミナー・交流会情報を流してくれるセミナーでチラシを配ったりと、誰かに直接という形ではなく、広く情報発信することです。

自主セミナーで集客した時のチラシを商工会議所に見せるのも喜ばれます。「以前、このチラシで○人集客できたんですよ」という効果も併せて知らせてください。担当者は、「集客力」のある講師を求めているのです。

## 2-14

# セミナーチラシを作っておく

商工会議所の経営指導員は、とても忙しいものです。セミナーの企画もしなければいけませんし、その集客もしなければなりません。担当している会員の会社を定期的に訪問したり、経営相談があったときは、一緒になって解決方法を模索するという仕事もあります。監督官庁に提出する書類も、上司への報告書も作成しなければなりません。それ以外にもしなければいけないことは山ほどあるのに、人手が足りないのが実情です。

ですから、新たなセミナー企画を考え、講師を開拓しようと思っても、その時間をとることができずに、エージェントから紹介される講師や、すでにつき合いがあって、商工会議所の事情がよくわかっている講師に依頼してしまうことが少なくありません。

そういった商工会議所の担当者の忙しい状況を軽減してあげるようなお手伝いをしてあげることで、講師依頼を引き寄せやすくできる方法があるのです。

それは、**自分のセミナーのチラシをあらかじめ作っておくこと**。

担当者に「こんなセミナーをしますので、ぜひ、ご検討ください」と、セミナーの企画書を渡す講師はたくさんいます。しかし、セミナーの告知用チラシまで作っておく講師は、ほとんどいません。

セミナーを企画する際、告知用チラシやホームページの原稿を考えるのも、担当者の仕事になります。この原稿の内容を考えるのに、結構な時間がかかるのです。

ただでさえすることが多いのに、そのような「重たい」業務があると、他の業務の遂行に影響が出てきます。

そこで、告知用チラシをあらかじめ作っておいて、企画書と一緒に渡してあげると、「ここまでしてくれているのなら、自分の業務負担がかなり軽減されるな」ということになり、採用される確率が大幅にアップするのです。

告知用チラシに書くべきは、次の8項目です。

**①キャッチコピー**
**②セミナータイトル**
**③リードコピー**

④セミナー内容
⑤講師プロフィール
⑥日時・会場・定員
⑦申込方法・申込先
⑧参加申込書

ちょっとした気遣いと、ツールを作るだけで、講師として依頼される確率を大幅に高めることができます。

「サンプルチラシ作り」に、ぜひ取り組んでみてください。

【事業承継セミナー】 先の一手が会社の命運を握る

# 事業承継の出口戦略

## ～後継者がいない会社を存続させる方法～

「事業承継をしたいけれど何から始めたらよいか分からない」

「後継者がいない…しかし従業員・取引先のために会社を残したい」

など事業承継に関する経営者の悩みや不安は尽きません。

中小企業者の高齢化が進む中、様々な要因から後継者の確保が困難となりつつある企業が増えており、事業承継問題は中小企業にとって非常に重要な課題と言えます。

本セミナーでは、親族への承継、従業員への承継、第三者承継方法等について事例を交えながら解りやすく説明いたします。
**※事業承継は、社長が元気で早めのうちに実行することがポイントです。**

【講師】㈱ネクストフェイズ代表取締役
**東川 仁** 氏（中小企業診断士）
大阪の地域金融機関にて13年間、中小企業に対する相談業務・融資審査業務に従事。その経験を生かし、資金調達コンサルタント／経営コンサルタントとして独立。
現在は、「事業計画・経営計画作成」・「経営革新計画策定」・「販売促進」・「資金調達支援」・「事業承継」を中心に指導を行っており、特に資金調達力に大きく影響を与える。

【主なセミナー内容】
- ◆ 事業承継４つのパターン
  →どの事業承継を選ぶべきか ◆メリット・デメリットなど
  ① 親族内承継 ② 社内承継 ③ 外部からの経営者の招聘
  ④ スモールＭ＆Ａ（第三者への事業売却）
- ◆ 借金のある会社でも買ってもらうことができる
  ① 小さな会社が売れる理由
  ② 小さな会社の売却事例(1)(2)(3)
  ③ 小さな会社を買いたがっている企業はこんなにある
  ④ 会社を売却する際の流れ
  ⑤ あなたの会社はいくらで売れるか？
- ◆ 事業承継を円滑に進めるためのステップ
  ① 自分の会社の棚卸し ② 目標とする経営者像を考える
  ③ 会社の将来像を考える ④ 後継者候補との話し合い
  ⑤ 金融機関への説明
- ◆ 事業承継計画の策定プロセス
  ① 自社の現状分析
  ② 今後の環境変化の予測と対応策・課題の検討
  ③ 事業承継の時期・方法を盛り込んだ事業の方向性の検討
  ④ 具体的な中期目標の設定
  ⑤ 円滑な事業承継に向けた課題の整理
  ⑥ 事業承継計画の策定

日時 平成　年　月　日（　）
チラシサンプル
会場
定員　名（先着順）
受講無料

【申込方法】下記申込用紙に必要事項をご記入の上、
FAXにてお申込みください。
【申込み先】
TEL：
FAX：

**主催：**

／（ ）事業承継セミナー「事業承継の出口戦略」参加申込書　※切り取らずにFAX願います。

行（FAX：　－　－　）
＊会員・非会員・業種は○で囲んでください。

| | | | | | | |
|---|---|---|---|---|---|---|
| 会社名 | （会員・非会員） | | | 受講者氏名 | | |
| 会社住所 | | | | | | |
| 業　種 | 製造・建設・卸売・小売・サービス・その他 | | | | | |
| ＴＥＬ | | 従業員数 | 人 | | | |

＊ご記入頂いた情報は商工会議所からの各種連絡・情報提供のために利用するほか、セミナー参加者の実態調査・分析のために利用することがあります。

# PART 3

# 知っておいて損はない！商工会議所・セミナーエージェントの裏側

# 3-1 エージェントが商工会議所に講師を紹介する2つのパターン

本章では、セミナーエージェントに売り込んでもらったり、商工会議所から講師依頼を引き寄せるためのテクニックについてお話しします。

まずは、エージェントの営業方法についてお伝えしましょう。エージェントによって多少の違いはありますが、基本的な仕組みを知っておくことによって、自分を商工会・商工会議所へ強く売り込んでもらうための効果的な方法が見つかります。

商工会議所がセミナーエージェント（講師派遣会社）の担当者に対して、講師の派遣を依頼する際には、２つのパターンがあります。

ひとつは「○○というテーマでセミナーをしたいのだけれど、このテーマで話ができる講師はいないだろうか？」と、テーマに沿った話ができる講師を求めるパターン。

もうひとつは、エージェントの担当者が「○○というテーマで、面白い話ができる講師がいるのですが、どうですか？」と勧められて、その講師を採用するパターン。

いずれのパターンにせよ、エージェントの担当者の推し方ひとつで、商工会議所からよんでもらえるかどうかが決まります。

エージェントにしても、自分たちの勧めた講師が採用されれば売上につながるため、できるだけ採用してもらいやすい講師をプッシュします。

その際、何が決め手になるかというと、**「他の商工会議所でも実績のあるベテラン講師」か、「この講師なら喜んでもらえると自信を持って勧められる新人の講師」**の2つです。

商工会議所の担当者も2種類いて、「失敗したくないので、できるだけ堅くいきたい担当者」は「実績のあるベテラン講師」を使いたがりますし、「自分たちの独自性を出していきたい担当者」は「この講師なら受講者に喜んでもらえると自信を持てる新人講師」を使いたがります。

これから商工会議所で講師デビューしたいと考えている講師は、「実績のあるベテラン講師」にはなれませんので、「エージェントの担当者が自信を持って勧められる講師」になれるようにしましょう。

## 3-2

# 商工会議所・エージェントはどうやって講師を見つけているのか

商工会・商工会議所は、もし意中の講師がいれば、エージェントにその講師を指名依頼してきます。

私も、よく商工会議所からの指名で登壇することがあります。よんでいただいた商工会議所の担当者に「どうやって私のことを知ったのですか？」と尋ねると、多くの場合、「インターネットで見つけた」と言われます。

商工会議所の担当者がよく見るサイトに自分の情報が載っていれば、特に有名人でなくても名指しされることがあります。私を指名してくださったある担当者は、以前登録していた起業家支援プロジェクトのホームページが私を知るきっかけになったとか。やはりインターネット上での露出は効果的です。

自分のホームページやブログで活動をアピールするのはもちろん、専門分野に関連する団体のホームページに掲載してもらうのもいいでしょう。専門領域に応じたメールマガジンを発行しておけば、バックナンバーをネット上で参照してもらうこともできます。

それ以外にも、商工会議所の担当者は、自分が講師を依頼しているエージェント以外のセミナーエージェントのホームページを見て、面白そうな講師はいないか、チェックします。そこで見た講師を、いつも出入りしているエージェントの担当者に、「この人、呼ぶことはできますか?」と尋ねることも少なくありません。

多くのエージェントに、自分の情報を積極的にアップするというのも、露出を増やすひとつの方法になります。

商工会・商工会議所では、経営指導のスキルを上げるための「経営指導員研修」がよく行なわれています。そこでは多くの商工会・商工会議所の経営指導員が一堂に会するため、セミナー内容や講師のことが話題に上ります。あなたのセミナーのクオリティが高く、担当の経営指導員の覚えがめでたければ、そういった場で情報交換されてあなたへの指名につながることもあります。

## 3-3

# エージェントは商工会議所にどのように売り込むのか

### ①特定の講師をピンポイントで売り込む

エージェントは商工会・商工会議所の担当者と密に連絡をとっているので、ある程度のニーズは収集できています。ゆえに、具体的な依頼があったときは、そのテーマに合う講師をピンポイントで売り込みます。あなたを売り込んでもらう確率を上げるなら、「このテーマは○○（あなた）」と言われるようなセミナーネタやジャンルを持っておくべきでしょう。ちなみに私の場合は、「資金調達」「事業承継（スモールM＆A）」「補助金」となっています。そのためにも、セールスポイントを磨き上げてエージェントにアピールすることが必要です。

### ②依頼者から予算とテーマを聞き、候補者をいくつか提示する

一番多いのがこのパターンです。商工会議所がセミナーを行なうとき、大まかなテーマ

と予算をエージェントに伝え、講師の紹介を依頼します。そこでエージェントは、商工会議所のニーズに合う講師を数人ピックアップし、相手の担当者に提示します。先方に提示する内容は、「セミナータイトル」「名前」「資格」「プロフィール」など。ここで重要となるのが「セミナータイトル」です。タイトルのつけ方ひとつで、集客が大きく変わってくるため、集客力の高そうなセミナータイトルには興味を持ちます。そのためにすべきことは、「セミナータイトルを徹底的にブラッシュアップする」ということなのです。

## ③他の商工会議所で実施したセミナーのチラシを送る

エージェントが商工会議所に講師を紹介する際、他の商工会議所に紹介した講師のセミナーチラシを見せることがよくあります。他で実施した同テーマのセミナーのチラシは、あなたのセミナー企画を一番わかりやすく説明するツールです。それ以外にも、自分のセミナー内容に関するブログやメールマガジンを書いているのであれば、それも併せてお知らせしておきましょう。エージェントを通じて先方に紹介してくれることもあります。以前行なったセミナーや、行なう予定のセミナーチラシがあれば、エージェントに送っておくことで、担当者の営業がやりやすくなります。

## ④依頼者から受けた相談に沿う企画を「考えてくれる」講師を提示する

商工会・商工会議所の担当者は、上司から「こんな感じの内容のセミナーを」と指示されることが少なくありません。しかし、指示が抽象的なことも多く、担当者はどんなセミナーを企画すればよいのか途方に暮れることが多いようです。

「今、フィンテックが流行りそうな気配があるから、フィンテックの内容を踏まえたセミナーを企画するように」とだけ指示されても、どんな内容のセミナーにするのか、どんな専門家を呼べばいいのか、担当者はなかなかすぐには思いつきません。

そんなとき、商工会議所の担当者はエージェントに相談します。

そこでエージェントがスラスラと答えられればいいのですが、エージェントにしてもどうすればいいかわからない場合、依頼に沿ったテーマや企画を考えてくれそうな講師にさらに相談します。その講師が、企画を出してくれると、そのまま、その講師を紹介する……ということに落ち着きます。

つまり、あなたがエージェントから相談される存在になれば、セミナーの依頼も増えやすくなるのです。

私の場合、あるエージェントから、「某団体からセミナー講師の派遣依頼があったのだが、先方も要望をうまく説明できず、なかなか意図が汲めないので、一度直接話し合ってみてくれないだろうか。たぶんあなたなら理解してくれると思うので」という連絡をいただいたことがあります。

先方と直接話したところ、運よくニーズが私の守備範囲だったので、スムーズに依頼につながりました。

依頼する側もエージェントも、ニーズの合致に心を砕きながらも意思の疎通が図れないことがあるのです。そんなとき気軽にエージェントから相談してもらえるような存在になれたらベストですね。

相談されるようになるためには、普段から担当者に対して、こまめにコンタクトをとっておくことが重要です。

# 3-4

# 「売り込んでもらえる講師」になるためのエージェントへのアピール方法

「相談されるようになるためには、普段から担当者とこまめにコンタクトをとっておくことが重要です」とお伝えしましたが、用もないのに訪問なんて、難しいことでしょう。

しかし、エージェントの担当者は、**関係性を構築できている講師の訪問を嫌がることはありません**。ここはぜひ強調しておきたいところです。エージェントは講師のことを知りたいし、その講師のセミナーの雰囲気も知りたいのですが、なかなかその機会がありません。あなたのほうからやってきてくれれば、助かることこの上ないのです。ですから、訪問する理由をわざわざ作ってみてはいかがでしょう。

①「新しいセミナーの企画書を作りました」

②「たまたま近くに来ましたので……」「たまたま近くに行くことになりましたので……」

③「商工会議所に関するこんな情報を手に入れました」

私は営業出身なので②の手をよく使いますが、営業経験のない方には「大した用もないのに訪問すること」に抵抗があるかもしれません。そういう場合には、①の方法がお勧めです。

エージェントとしては、登録している講師の数や、提供できるセミナーテーマの数は、「品揃え」になります。品揃えが多いのと少ないのとでは、商工会議所に対する営業のやり方も大きく変わってきます。ですから、新たなセミナー企画の提案は、エージェントにとってとてもありがたいのです。なので、嫌がらず、積極的に話を聞いてくれます。

それ以外にも、「最近どうですか」「最近ウケがいいのはどんなセミナーですか」といった質問を交えながら、「そうそう、先日こんなセミナーに参加したら、その講師が面白くて、もしかしてご存じありませんか」「近頃、私のセミナー参加者からこういう声がよく聞かれるようになり……」といった会話をしています。

**「お仕事ください」ではなく、こちらからさまざまなおみやげ＝情報や新たな企画を「提供する」**つもりになれば、足を運びやすくなるでしょう。そのためには日々の情報収集や新企画開発が不可欠です。セミナーを通じて一旗あげようとお考えのあなたなら、セミナー業界の動向調査も、新セミナーの企画立案も楽しく行なえるでしょう。先方は間違いなく、あなたの情報や企画を「ありがたく」思います。堂々と訪問を！

# 3-5

# 受講者からの評価や感想、セミナーの成果を知らせる

あなたがどれほど「私のセミナーは素晴らしい」とアピールしても、当人の言葉ですから、エージェントにどこまで信用してもらえるかはわかりません。そこで活きてくるのが、実際の受講者から受けた評価や評判です。

自主セミナーでも、どこかからよばれて出かけて行ったセミナーであっても、かならずあなた自身でアンケートを取り、その内容をエージェントに知らせましょう。

回数を重ねるうち、アンケートとは別に、セミナー後に心のこもったメールや手紙をいただくことも増えてくるはずです（私もあたたかいメッセージを受けることが時々ありますが、こういうのは本当に嬉しいものです）。それも併せて、ひとつの資料にまとめて報告するのです。あなたのセミナーの、いわば成績表のようなものです。

たとえあなたが「いいもの」だけをピックアップするにせよ（もちろん私もそうしています）、資料に書かれてあるのは実際の受講者の声ですから、エージェントも素直に読んでくれます。単に当日の感想だけを尋ねるのではなく、次のセミナー企画につながる材料

やヒントまで引き出すアンケートの取り方は、ＰＡＲＴ４で詳しくお話ししましょう。

もうひとつ、エージェントに提出したい資料は、「セミナー後、受講者にこんなにいい変化が起こった」という結果です。たとえば「『コミュニケーションスキルセミナーで学んだことを現場で実践したら、部下との距離感が縮まった』という喜びの声が届いた」、「『相続セミナーを受講したおかげで、父の他界後はスムーズで円満な相続ができた』というお礼のメールが来た」、といった内容です。

これは前述の「セミナーそのものの印象」とは違い、**セミナー実施後に受講者が学んだことをどう活かしたかというロングタームの結果**です。いい結果が出れば、商工会議所などの依頼者や受講者個人から講師に直接お礼の言葉が届くことが多いもの。あなたのセミナーが「実用的」「使える」「役に立つ」という証拠ですから、これも積極的にエージェントにアピールしましょう。

特に何かのきっかけを待つ必要はありません。「こういう成果が出たそうなので、ちょっとお話しさせてください」と、「近くに来たついでに」（大義名分です）訪ねていけばいいのです。

# 3-6

# 商工会議所から二度目の声がかからない講師の5つの特徴 前編

日本全国に商工会議所は500ヵ所以上、商工会は1000ヵ所以上あります。どの商工会議所でも年間20回以上、商工会でも5回以上は、何らかの形でセミナーを行なっています。商工会・商工会議所を合わせると、年間1万5000回以上のセミナーを行なっている計算になります。すなわち、日本全国でのべ1万5000人のセミナー講師が必要なのです。

人気講師になると、全国の商工会・商工会議所から何度もよばれるようになります。しかし、一度依頼されたきり、二度とよばれることのない講師も少なからずいます。だから、商工会・商工会議所は絶えず新たな講師を探しています。

では、一度きりで終わり、二度とよばれない講師と、日本全国から何度もよばれる講師はどこが違うのかご存じですか？

## 特徴1 ターゲットニーズをつかんでいない

ほとんどの担当者は、自分が企画したセミナーは、現場で聞いています。

そこで気にしているのが、受講者の反応。受講者の反応が悪ければ、そんなセミナーを企画した担当者の責任問題になるからです。

受講者の反応が悪いセミナーは、講師の独りよがりの内容になっていることが少なくありません。独りよがりの内容とは、自分の話したいことだけを話し、受講者の聞きたいと思っていることを話さないということ。すなわち、ターゲットニーズを把握せずに、自分の思い込みで話をしているということです。そんなセミナーに受講者は興味を持てないため、スマホをいじったり、居眠りをしたりという行為に出ます。

それを後ろで見ている担当者は、「今回の講師は失敗だった」と、後悔しきりとなります。そして、その講師には二度とオファーをしませんし、他の商工会議所からそのセミナーについて問い合わせがあった際には、絶対に肯定的なコメントをしてくれません。

商工会議所は横のつながりが強いので、一度、ひどいしくじりをしてしまうと、他の商工会議所からよばれなくなるのです。

そうならないためにも、商工会議所ではじめてセミナーをする場合は、

「どういう方が聞きに来るのか」

「その方たちが聞きたいことは何なのか」

「その方たちが聞きたいことで、自分が話せることはどんなことなのか」

ということぐらいは、あらかじめ準備しておく必要があります。

## 特徴2 専門用語が多い

受講者にウケの悪い講師の特徴に「専門用語が多い」「カタカナ言葉が多い」という点が挙げられます。

セミナー中に「？」と感じるようなことがあると、受講者はそれが気になってしまい、その先を聞くことをやめてしまいます。結果、話の内容が頭の中に入らなくなり、「結局よくわからない内容のセミナーだった」と不満を抱くのです。

人気講師はほとんどと言っていいほど、専門用語を使いません。誰にでもわかる言葉に置き換えて説明します。難しい内容を難しく説明するのは、誰でもできます。難しい内容だからこそ、わかりやすく説明してくれることを受講者は求めているのです。

## 特徴3 話がわかりづらい

私も時間のあるときには、できるだけ積極的にセミナーを受講するようにしています。中には、セミナータイトルに引かれて参加したものの、「あの講師は、何が言いたいのかわからなかった」と感じるケースも少なくありません。

そんな講師の場合は当然、アンケートの結果は全然よくありません。そうなると、リピート依頼は絶対あり得ないのです。

話がわかりづらいのは、起承転結がはっきりしていないことと、一文のセンテンスが長過ぎて、主語と述語が複数あることによります。

それにリハーサルをしていないので、それがわかりづらいかどうか、自分自身でもわかっていないことが多いです。士業の方のセミナーに、このパターンが見受けられます。

# 3-7 商工会議所から二度目の声がかからない講師の5つの特徴 後編

## 特徴4 人間性に共感が持てない

人間性に共感が持てないとは、ずばり、「偉そうな講師」です。

たとえば、時間ギリギリに来て「控え室どこ?」みたいなことをいきなり聞く方。商工会議所でセミナーをする場合、控え室が用意されていることなんて、あまりありません。それだけ見ても、担当者から「商工会議所のことがわかっていない」と思われてマイナスイメージがついてしまいます。

そして、態度が横柄で、話し方も上から目線だった日には、どれだけ内容がよくて話が上手でも、「この講師、絶対、もうよばない」と担当者は思います。

へりくだる必要はありませんが、偉そうな態度は百害あって一利なしです。

## 特徴5 商工会議所のことがわかっていない

商工会議所によばれたいと考えている講師から、「東川さん、私のセミナーが商工会議所で使ってもらえるようなものになっているかどうか、一度、見てもらえませんか？」と頼まれる機会が結構あります。「このセミナーは、商工会議所で受けがいいだろうな」と思えるものもあれば、「こりゃダメだ」と、目を覆いたくなるようなものもあります。

商工会議所の会員のことをわかっていない、退屈な内容、独自性がない、時間を大幅に延長もしくは短縮する、理屈ばかり話す……。では、「エージェントの担当者が自信を持って勧める講師になる」ためには、何が必要なのでしょうか？　それは、「自らのセミナーをエージェントの担当者に実際に見てもらうこと」です。

64ページで「商工会議所の担当者に自分のセミナーを見てもらうことの重要性」についてお伝えしました。エージェントに対しても同様です。

担当者も、企画書だけではその講師の話のクオリティはわかりません。企画書の内容に感心して講師を推薦したものの、その講師の話があまりにも下手だったために、出入り禁止になった経験をしている担当者はたくさんいます。それゆえ、エージェントの担当者は、絶対的に自信を持てる講師でない限り、商工会議所に勧めません。

だからこそ、講師デビューがしたければ、実際に自分のセミナーを見てもらうことが非常に重要となるのです。

えて途中までなんですよ。残りは家に帰ってから続きをしてくださいね」と伝えることができます。

### ●人間関係を円滑にするための「あいうえお」

「あ：あいさつははっきりと」「い：いつも笑顔で」「う：うれしい話はみんなと共有」「え：縁を大事に」「お：お礼はいつもきっちりと」

　コミュニケーションの大事さを説明するときに、よく使っています。ほかにも「経営者に気持ちよく話しをしてもらうための『さしすせそ』」や、「紹介で顧客を獲得するための『かきくけこ』」など、「あいうえお作文」は結構、笑いをとることができるので多用しています。

### ●「努力をして後悔した人を見たことがない。練習して下手になる人はいない。勉強して馬鹿になる人はいない。何かをして変わった人はいても、何もしないで変わった人はいない」

　この言葉は、どこで見たのか忘れましたが、「行動を起こすことの大切さ」を伝えるのにとても共感できる言葉なので、セミナーの最後に使うことが多いです。

料金受取人払郵便

神田局
承認
**8501**

差出有効期間
平成30年6月
19日まで

郵便はがき

101-8796

511

(受取人)
東京都千代田区
神田神保町1－41

**同文舘出版株式会社**
**愛読者係行**

毎度ご愛読をいただき厚く御礼申し上げます。お客様より収集させていただいた個人情報は、出版企画の参考にさせていただきます。厳重に管理し、お客様の承諾を得た範囲を超えて使用いたしません。

図書目録希望　　有　　無

| フリガナ<br>お名前 | | 性別<br>男・女 | 年齢<br>才 |
|---|---|---|---|
| ご住所 | 〒<br>TEL　（　　）　　Eメール | | |
| ご職業 | 1.会社員　2.団体職員　3.公務員　4.自営　5.自由業　6.教師　7.学生　8.主婦　9.その他（　　） | | |
| 勤務先分類 | 1.建設　2.製造　3.小売　4.銀行・各種金融　5.証券　6.保険　7.不動産　8.運輸・倉庫　9.情報・通信　10.サービス　11.官公庁　12.農林水産　13.その他（　　） | | |
| 職種 | 1.労務　2.人事　3.庶務　4.秘書　5.経理　6.調査　7.企画　8.技術　9.生産管理　10.製造　11.宣伝　12.営業販売　13.その他（　　） | | |

# 愛読者カード

## 書名

◆ お買上げいただいた日　　　　年　　月　　日頃

◆ お買上げいただいた書店名　（　　　　　　）

◆ よく読まれる新聞・雑誌　（　　　　　　）

◆ 本書をなにでお知りになりましたか。

1．新聞・雑誌の広告・書評で　（紙・誌名　　　　　　）

2．書店で見て　3．会社・学校のテキスト　4．人のすすめで

5．図書目録を見て　6．その他（　　　　　　）

◆ 本書に対するご意見

◆ ご感想

| | | | | |
|---|---|---|---|---|
| ●内容 | 良い | 普通 | 不満 | その他（　　　） |
| ●価格 | 安い | 普通 | 高い | その他（　　　） |
| ●装丁 | 良い | 普通 | 悪い | その他（　　　） |

◆ どんなテーマの出版をご希望ですか

**<書籍のご注文について>**

**直接小社にご注文の方はお電話にてお申し込みください。**宅急便の代金着払いにて発送いたします。書籍代金が、税込1,500円以上の場合は書籍代と送料210円、税込1,500円未満の場合はさらに手数料300円をあわせて商品到着時に宅配業者へお支払いください。

**同文舘出版　営業部　TEL：03－3294－1801**

COLUMN 5

# セミナーで使える“うんちく”

●

私は経営コンサルティングのかたわら、年間 200 回以上セミナーや講演、研修等を行なっています。人前で話すようになって 15 年ほどの中で、受講者に受けがよかった “うんちく” をご紹介します。

## ●エビングハウスの忘却曲線

「20 分経過で 42% 忘れる。1時間経過で 56% 忘れる。1日経過で 74% 忘れる。1週間経過で 77% 忘れる。1ヵ月経過で 79% 忘れる」

セミナーや研修の最後に、その日学んだことの振り返りをしてもらうときに、この説明をしています。「今日、学んだことを身につけようと思うのであれば、何度も、繰り返し振り返ることが重要なのですよ」ということを伝えています。

## ●ツァイガルニク効果

「人間は達成できなかった物事や中断している物事に対し、より強い記憶や印象を持つ」

セミナーの中でワークをした後で使います。ワークをしても、時間的に最後までできないこともあります。そんなときに、受講者から不満が出ることがあるのですが、この説明をすることで、「だから、あ

# 3-8 いつ企画書を出せば、採用される確率が高まるか

商工会議所でセミナーが多く行なわれる時期は、6月～11月。そして2月～3月です。だいたい4月初旬に人事異動があり、しばらくはバタバタしているため、4月・5月は、あまりセミナーをしません。また、12月、1月の年末年始も慌ただしいため、やはりセミナーは少なくなる傾向にあります。

このため、6月から11月にセミナーが集中する傾向があります。また、2月から3月にかけては予算が消化しきれていないことから、駆け込み的にセミナーが集中しがちです。

そんなセミナーの計画をいつ立てるかというと、**だいたい1月～3月に立案しています。**なので、**商工会議所に対してセミナー企画の提案をするのであれば、12月から2月にすると、採用される確率を高めることができます。**

かといって、面識もない商工会議所をいきなり訪ねて「セミナー企画を作りました。どうか採用してください」と言っても、相手にしてくれないというのはPART2でお伝え

しました。セミナーの企画書を検討してもらうためには、まず、担当者との人間関係を構築しておく必要があります。関係構築なしには、企画書を提出しても、そのまま、ゴミ箱行きになるだけです。

担当者との関係を構築するには、最低でも4回は会う必要がありますし、そのために3ヵ月程度の時間はかかります（場合によっては、それ以上の時間を要するかもしれません）。そこから逆算すると、商工会議所へ**ファーストアプローチをするのに一番いいタイミングは、7月〜9月**になります。

その時期はちょうど、セミナーの繁忙期でもありますので、まずは受講者として参加し、名刺交換します。間を空けないうちに、何度かセミナーに参加することで、顔を覚えてもらえます。そこから担当者と会話ができるようになれば、よい関係作りにもっていくことは、そんなに難しくありません。

いいセミナー企画ができたとしても、すぐに持ち込むのではなく、まず、関係構築から。そのために、今から企画書を作っておき、3ヵ月かけてブラッシュアップすることで、採用されやすい企画書にすることができます。

## 3-9 商工会議所を取り巻くセミナー環境

この項では、すでにお伝えしたことと内容が重なる部分がありますが、とても重要なことなので、あらためて説明させていただきます。

商工会議所が行なうセミナーの多くが、「事業者向け」セミナーです。「事業者」と言っても、「経営者向け」のものや「幹部社員向け」「従業員向け」「新入社員向け」等、対象者はさまざまです。

日本全国に商工会・商工会議所は1500ヵ所以上あり、ひとつの商工会・商工会議所が1年間に平均10回のセミナーを開催するとした場合、必要となる講師の数は1500ヵ所×10回＝**1万5000人**となります。

そして、ほとんどの商工会や商工会議所は、「創業塾」や「経営革新塾」といった毎年の定番セミナーや講座を除いて、**前年や前々年に登壇した講師を採用しません。**なぜなら、一度登壇すると、翌年や翌々年、集客が十分にできなくなるからです。

また、あまりよいパフォーマンスができず、受講者の受けの悪かった講師が、他の商工会議所でよんでもらえるチャンスはほとんどありません。商工会議所は横のつながりが強く、「よい講師」の評判のみならず、「よくない講師」の評判も共有するからです。

**一度きりで、二度とよんでもらえない講師は、8割以上にものぼる**と言われています。だから、商工会や商工会議所は常に新しい講師を必要としています。

一般的に商工会や商工会議所の担当者は、しなければいけない仕事が多い割に、予算の関係で人数が少ないため、絶えず忙しくしています。新たな講師を開拓したくても、その時間がないというのが現状です。だから、他の商工会議所で評判だった講師や、懇意にしている講師からの紹介、セミナーエージェントからの推薦に頼らざるを得ないのです。

だからといって、講師が商工会や商工会議所に自らを売り込んだとしても、決して採用してくれません。海のものとも山のものともわからない、どういう人柄なのか人間性なのかわからない、講師としてのクオリティもわからない人間に登壇してもらうのは、担当者としてリスクが高過ぎるからです。

商工会や商工会議所から講師として依頼をしてもらうために必要なことは、「講師としてのクオリティを担保してもらうこと」。他の商工会議所で評判だった講師を採用するのは、実績がちゃんとあるので、はずれの講師となるリスクがないからです。

懇意にしている講師から紹介された人を採用するのは、紹介者が自分達の求める講師のクオリティを知っていて、下手な人を紹介することがないから。セミナーエージェントが推薦する講師を採用するのは、エージェントがクオリティの低い講師を紹介した場合、今後のビジネスに差し障りが出てくるため、できの悪い講師を推薦することがないから。

いずれにせよ、「他の商工会議所の担当者」「懇意にしている講師」「セミナーエージェント」が講師としてのクオリティを担保しているので、安心して依頼できるのです。

だから、講師として依頼されるためには、「商工会や商工会議所のニーズを把握し、採用されやすいセミナー企画を立てること」「講師としてのクオリティを磨くこと」「自分の講師クオリティを、紹介してもらえる誰か（他の商工会議所の担当者、懇意にしている講師、セミナーエージェント等）に見てもらうこと」が必要になります。

## 講師を依頼する上での商工会議所の悩み

商工会議所の担当者は、セミナーを企画・開催する上で、いろいろな悩みを持っています。それを解決できるような提案をすれば、採用してもらえる確率は格段に高まります。担当者に「講師を依頼する上での悩み」を質問したところ、次の答えが返ってきました。

### 謝金が少額

商工会議所がセミナー講師に支払う予算はさまざまです。1回 15 万円を超える場合もあれば、2〜3万円という場合も。セミナー開催数の多い商工会議所ほど、講師に支払う予算が少ないという傾向がありますが、そうした商工会議所は他の商工会議所のベンチマークとなりますので、開催数の多いところで講師をしてこそ、広がりがあります。謝金が少額でも、気分よく引き受けてくれる講師に対して、積極的に依頼が入る可能性は高いです。

### 集客（会報を利用した集客がメインだが集まらない）

どれだけよいセミナーを企画しても、集客ができなければ、商工会議所にとって“失敗セミナー”となります。商工会議所の主な集客手段は、毎月会員に送る「会報」にセミナーチラシを同封すること。タイトルやデザインなどチラシの出来がよければ集客は苦労しませんが、ほとんどの場合はなかなか集客ができません。ですので、積極的に集客をアシスト（集客力の高いチラシを提供する。自ら告知をする）してくれる講師には何度も依頼が来ます。

### マンネリ化傾向と前年と同じ講師を採用しづらく、講師発掘活動

商工会議所は、前年に使った講師を採用することはほとんどありません。「創業塾」や「経営革新塾」といった定例的な講座で、前回の集客や受講者満足度が高かった講師に依頼することはありますが、通常のセミナーでは、前年と同じネタは扱いません。ですので、前年使った講師は使わないのです。だから、商工会議所は絶えず新しい講師を発掘しようとしています。でも、発掘する時間がないというのが悩みの種なのです。

### 受講者満足度向上

集客に成功しても、受講者満足度が低い場合、そのセミナーは「失敗」となります。一度失敗してしまうと、受講者がその商工会議所が開催するセミナーに二度と参加しないだけでなく、「あの商工会議所のセミナーは面白くない」という口コミまで出るため、次回以降の集客に悪い影響を与えます。だから、話の下手な講師を呼ぶことはありません。講師依頼をしてもらうためには、話のクオリティを高めておくというのはとても重要なのです。

# 3-10 アプローチすべき商工会議所、アプローチしても無駄な商工会議所

「商工会議所へのアプローチのしかた」について、いろいろとお伝えしてきましたが、講師が直接アプローチしても無駄な商工会議所もいくつかあります。

どのような商工会議所がアプローチしても無駄なのかと言うと、「大都市圏の商工会議所の本所」(商工会議所では、「本店」として扱われるところを「本所」と言い、「支店」としての扱いになるところを「支所」と言います)が、それに当たります。

具体的に言うと、**「東京」「大阪」「名古屋」「横浜」「神戸」「京都」といった六大都市にある商工会議所の本所に行っても、まともに相手をしてくれません。**こういった大きな商工会議所は担当者の数が多く、仕事も細分化されているため、アプローチすべき人がわかりにくいことに加え、売り込む講師が多過ぎて、売り込みに対して辟易しています。担当者のプライドも高く、「いちいち売り込んでこなくでも、欲しい講師は自分たちで見つけられる」と自負しているために、訪問してもほとんどが門前払いとなってしまいます。同じ理由で、セミナーエージェントがアプローチしてもほとんど興味を持ってもらえません。

県庁所在地にある商工会議所は、そのような性格のところが少なくないのですが、**地方になると、状況は少し変わります。**地元にいろいろなタイプの講師がいないため、意中の講師を見つけられない場合は、セミナーエージェント会社に講師紹介を依頼してきます。

**「地元に住んでいる講師です」とアピールすることができれば、採用確率は結構高まります。**たとえば、福岡県の商工会議所が講師を探している場合、東京の講師より九州の講師のほうが採用されやすいのです。

同じ県である必要はありません。同じ地方に住んでいれば、「地元」扱いしてくれます。まずは同じ都道府県の商工会議所を訪問し、「地元の講師です」とアピールするか、エージェント会社に依頼して、「○○県の商工会議所に重点的に売り込んでください」と言うと、その意向は、結構、優先してもらえます。

その範囲を少し広げて、「○○地方（九州・中国・東海・近畿・四国・関東・北陸・中部・東北等）に住んでいる『地元』の講師です」とアピールしても、効果を発揮することはよくありますので、特に同じ地方の商工会議所には、アプローチされることをお勧めします。その際は、エージェント経由で行ったほうが、採用される確率が高いということを申し添えておきます。

# PART 4

# この講師に依頼したい！と思わせるセミナー企画書の作り方

# 4-1
# 企画書の全体像これが必須6項目！

企画書は、商工会議所等の担当者にとって、「このセミナーを行なってよいかどうか」を見極めるための一番の判断材料です。言葉だけでは伝わりにくいと思いますので、166ページの企画書の全体像を見ながら読んでください。必要な要素は次の6項目です。

①タイトル・名前・肩書き
②想定する対象者とそのニーズ
③セミナー概要（章立て）
④プロフィール（そのセミナーができる根拠）
⑤受講者がこのセミナーで得られるもの／アピールポイント
⑥セミナー実績

仕様はA4サイズ、モノクロでもいいのですが、カラーで作ると強調したい部分を目立たせやすくなります。

長くても、**全部で2～3ページにおさめましょう。**④プロフィール欄で1ページくらい使いたいので、たとえば「①～③」で1ページ、「④」で1ページ、「⑤～⑦」で1ページ、といった内訳です。

「企画書作成棚卸しシート」（163ページ）を活用することで、よりスムーズに企画書を作ることができるでしょう。

以上は必要な要素です。しかし、すでに申し上げた通り、機能だけでは人は動きません。大切なのは、それぞれの項目に、適度に**あなたの気持ち**を織り込むことです。

企画書だって、「読みもの」です。読んでイメージが広がったり、この人に会ってみたいと思わせるような魅力が書かれていれば、担当者の目に留まりやすくなります。

つまり、**自分についての「マニュアル」というより、自分についての「ストーリー」を書き上げる**ということになります。

難しそうですか？　大丈夫、文章のプロでなくても、誰にでも作れます（私にもできたのですから！）。次ページ以降で詳しくお話ししましょう。

4-2

# 選ばれるセミナータイトルの作り方 前編 「機能」と「感情」を入れる

セミナーのタイトルは、「大勢の参加者を集めたい」という目的を考えながら作ります。商工会や商工会議所の担当者も、「このセミナーに人が集まるだろうか」という観点であなたの企画書を判断するからです。あなたのタイトルで、まずは担当者を魅了してください。

たとえば次の2つのうち、より惹かれるのはどちらですか？

**① 「消費税対策セミナー」**

**② 「売上が3倍になる！　消費税対策セミナー」**

①に「売上が3倍になる！」という言葉を追加したのが②です。②のほうが何だか効果がありそうに思えますね。それは、セミナーの内容説明のみの①に、「売上が3倍になる！」という**相手が欲しがっていそうな、感情に訴えるキーワード**を加えたからです。

そうです、タイトルには「機能」と「感情」の両方が必要なのです。

とはいえ、右の例ではあまりにもシンプルで、「売上が3倍になる！」に、さらに何か加えたいような気もします。たとえば「消費税増税をチャンスに変える」と具体的な要素を入れれば、「ちょっと参加してみたい」という気持ちをさらに強く起こさせるでしょう。

## ●職業別セミナータイトル例

税理士なら……

「節税セミナー」➜「知らないと損！　年末までに聞いておきたい節税セミナー」

※**「損する」と言われるとドキッとします。期限を切るのも有効**

社会保険労務士なら……

「就業規則の作り方」➜「就業規則を見直せば、社員のやる気が倍になる！」

※**数字は有効です。でもウソはいけません**

# 4-3 選ばれるセミナータイトルの作り方 中編 長いタイトルは見た目で工夫

すでにお気づきの方も多いと思いますが、感情（や数字、具体的イメージなど）を加えると、セミナーのタイトルは長くなります。また語れば語るほど怪しく見えることもあるので、やり過ぎは禁物です（自戒を込めて申し上げます）。

やや長くなってしまったタイトルをダラダラ書くだけでは、セミナーのテーマが伝わりづらくなります。「改行する」「文字の大きさや色に変化をつける」「記号などでキモの部分を強調する」といった、見た目の工夫を忘れないようにしましょう。

まず、おおざっぱにタイトルをつけてみましょう。そのタイトルに、どんな「形容詞や形容句」がつけられそうですか？　参加者に何を伝えたい？　どんな知識を持って帰ってもらいたい？　数字は入れられそう？　イメージが膨らむタイトル？　自問自答しながら、じっくり練ってみてください。また、一度作ったものを、周りに見せて感想を尋ねてみるのも有効です。

**●職業別セミナータイトル例**

ビジネスコーチなら……

「管理職のためのビジネスコーチング」

↓「〝やる気〟が10倍ふくらむ、聴くコツ・問うコツ・認めるコツ」

**※セミナーで得られる効果を具体的に。語呂がいいとなおよい**

経営コンサルタントなら……

「業績を伸ばす経営革新セミナー」

↓「消費税増税のピンチをチャンスに変える！　店長・社長のための売れる店作り・売れる経営」

**※今の状況（＝消費税増税）を言葉にしてイメージしやすくする**

# 4-4 選ばれるセミナータイトルの作り方 後編 タイトルはパッと見、行きたい？

いいタイトルができた！　これならよんでもらえるに違いない！　さあ売り込みだ！　というはやる気持ちをおさえ、自分の作ったタイトルを、セミナー対象者になったつもりで、まったく新しい目で、読み直しましょう。あなたの考えたそのセミナーのタイトルは**「パッと見、行きたい」ものでしょうか？**「行きたい！」と思える内容ならＯＫですが、そうでなければ何かが足りないことになります。それは何でしょう？

先ほど私は、タイトルに必要なのは、「機能と感情」と書きました。実際、あちこちで開催されているセミナータイトルを見ると、機能パートは表現できていても、感情パートが弱かったり、あるいはまったくないケースが実に多いのです。

たとえば、税理士さんによる「中小企業経営者のための節税セミナー」。このタイトルだけでは「節税の方法を教えてくれるのだな」という情報しか伝わりません。

では、「知らないと損！　決算書からわかる節税ポイントセミナー」ではいかがでしょう。

「決算書から／節税」で機能がわかり、そして「損をするのはイヤだ」という感情にも訴えることができます。

練り直すときのコツは、**最初に機能パートを固め、次に感情パートの言葉を探すこと**です。この順番だとスムーズに進みます。難しいようなら、機能と感情、2つのパートに分けるのも一案です。メインタイトルは機能、サブタイトルは感情、といった役割分担です。

タイトルは本当に大切ですから、ひとつの内容のセミナーにつき、50くらいの案は出したいものです。数が増えるほどピンとくるものに近づきますし、2つのタイトル案を組み合わせてより効果的なものに仕上げることも可能になります。実際に50もの案が出せたら、そのセミナー内容に対して、ほぼ全方向から光を当てたことになるでしょう。どんな人に対し、どんな機能を持った、どんな感情をかきたてるセミナーなのか……と。

深く、広い視野で考えた過程は、必ずタイトルに表われます。いいタイトルは、それだけで有力なキャッチコピーとなるので、時間をかける価値があります。「できた！」と思った瞬間、もう一度、「パッと見、行きたい？」と問い直すことをお忘れなく。

# 4-5 思わず依頼したくなるプロフィールの作り方 前編

セミナーのテーマが決まっている場合、担当者が講師を決める一番のポイントにしているのが、「プロフィール」です。

「この講師は、このセミナーをするのにふさわしいのか？」ということを考えて講師を決めます。「このテーマに関して、これだけの経験や実績があるのであれば、セミナーをしてもらっても大丈夫だろう」と思ってもらえれば、依頼につながります。

プロフィールは企画書の中ほどに配置しますが、まずここから作りはじめましょう。自分の棚卸しを先にしておけば、そのほかの項目が書きやすくなるからです。

A4サイズで1ページ使って、大々的に自分をアピールしましょう。必要項目は以下の4つです。

①写真
②200文字程度のプロフィール

③このセミナーができる根拠（職歴／経歴含む）
④主な著作物（あれば）

### ①写真

写真は、ないよりも、あるほうがいいです。さらに、モノクロよりカラーのほうが人柄が伝わります。正面からより、ナナメから撮ったほうが自然です。マジメな無表情より、微笑んでいるほうが好印象です。家族や友人に、いろんな角度やポーズで撮ってもらいましょう。もちろん、プロに頼むのがベストです。1枚あるとホームページや名刺などさまざまなものに使えるので、写真への投資はムダにならないと思いますよ。

### ②200文字程度のプロフィール

すぐ下に職歴や経歴などを書くので、プロフィールをコンパクトにまとめましょう。ピックアップすべき項目は、セミナーに関連した部分。たとえば「会社設立手続セミナー」を行ないたい行政書士の場合、「コストをかけずに会社設立手続を行なうアドバイスが好評」といったひと言を、プロフィールの「最後に」つけ加えると印象に残りやすいものです。

# 4-6 思わず依頼したくなるプロフィールの作り方 後編

プロフィール作成で一番の腕の振るいどころはここです。

## ③このセミナーができる根拠（職歴／経歴含む）

これまで勤めた会社や経験した職歴の羅列では、魅力的に映りません。無機質な文字がただ数多く並んでいるだけでは、読んでもらえるかどうかも怪しいところです。

### ●最終学歴を必ず書く

商工会議所等の担当者が同じ母校なら、まず反応します。といっても、少し注意してもらいやすくなるだけで、採用されるには企画書の内容が伴っていることが第一です。

### ●メリハリをつける

セミナー内容にあまり関係ない部分は淡々と記し、関係する内容の経歴は太字や赤い文字、アンダーラインなどで強調します。セミナー内容が変わればプロフィール（の強調部分）も変えたほうがよい、ということでもあります。

## ●「ここぞ」の部分は具体的に

例を挙げて説明しましょう。

**会社設立手続セミナーを行ないたい行政書士なら……**

「20XX年　会社設立手続についての相談を計80件受け、そのうち実際に50件が設立を果たし、さらに継続運営のフォローが功を奏して40件が経営を存続中」**（※書ける数字はどんどん書く！）**

**やる気アップセミナーを行ないたいコーチ／コンサルタントなら……**

「20XX年　○○スクールにて○○氏のもとで勉強」**（※有名スクールで学んだり、有名コーチに手ほどきを受けたら、それは立派な武器！）**、「20XX年　のべ200人のコーチングセッションを計300時間実施」**（※ここでも数字を具体的に！）**、「○○な人を○○に成長させた事例が多く、同様のケースが自然と得意分野になった」**（※こんな事例でこんなスキルがアップした、という具体例）**

## ④主な著作物（あれば）

もし、あなたが著書を出版していたり、雑誌に連載している場合は、是非、その内容を記載してください。出版・連載している人＝すごい人と思ってもらえ、ブランドを感じてもらえます。

プロフィールは、**なぜこのセミナーを（他の誰でもなく）私がするのかを明確に打ち出し、担当者を説得するためのページ**です。じっくり時間を取って書きましょう。

何度も読み返し、自分の像が立ち上ってくるかどうか検証してください。そして、もし、「得意分野や人柄の魅力がわかりにくい」と思ったら、何度でも書き直す勇気を持ってください。

## 東川 仁 ● プロフィール

所属金融機関の破綻により、担当していた複数の取引先が倒産。その時に何もできなかった悔しさから、「『金融機関との上手なつきあい方』を、できるだけ多くの中小企業に伝え、それらの企業の成長や発展に貢献する」という使命を胸に抱き、経営コンサルタントとして独立。2000社以上の中小企業に対する指導と、年間200回以上の登壇という経験に裏付けられたセミナー・講演は、「即、やる気になり」「すぐ使える」と大好評を得ている。

## 【このセミナーができる根拠】(職歴・経歴)

### 【職歴・経歴】

**●1989年～2002年**

関西大学卒業後、信用組合関西興銀　入組。本店営業部をはじめ6つの支店にて、営業及び融資業務を担当。中小・零細企業、小規模事業者延べ1,000社以上の取引先に対して、融資を行なう。取引先の多くが、商工会議所の会員と同様の規模であったため、商工会議所のセミナーに来る受講者の悩み・経営課題については熟知している。

**●2003年**

2000年12月に関西興銀破綻。当時、融資を依頼されていた取引先が10社あったが、融資できなくなったため、うち3社が倒産・廃業となった。その原因を調査したところ、一番の原因が
「経営者が金融機関との上手なつきあい方を知らなかったこと」だった。
「それを伝えることができていたら、あの3社は潰れなくて済んだのに」という後悔から
「『金融機関との上手なつきあい方』を、できるだけ多くの中小企業に伝え、それらの企業の成長や発展に貢献する」という使命(ミッション)を胸に抱き、経営コンサルタントとして独立。
以降、中小企業の資金調達コンサルティングを中心に経営コンサルティングを行なう。

**●2006年～2017年**

2006年　大阪府中小企業支援センター　サブマネージャーに就任。金融担当サブマネージャーとして、創業者支援・中小企業支援を行なう。このときに、大阪府下の金融機関とのパイプを築く。

以降、業務を資金調達支援から、経営相談・経営支援を中心に行なう。

2006年～2017年までに経営相談・経営支援を行なった中小企業・小規模事業者は2,000社を超える。

2010年から2017年まで、商工会議所・商工会・業界団体・金融機関等で毎年200回以上のセミナー・研修・講演を行なう。

### 【主な著作物】

『銀行融資を3倍引き出す! 小さな会社のアピール力』(同文舘出版)
『お客は銀行からもらえ!-士業・社長・銀行がハッピーになれる営業法』(さくら舎)
『90日で商工会議所からよばれる講師になる方法』(同文舘出版)
『依頼の絶えないコンサル・士業の 仕事につながる人脈術』(同文舘出版)
『士業のための「生き残り」経営術』(角川フォレスタ)
金融機関向け専門誌「近代セールス」にて、2009年から現在まで連載中
(現在の連載は「社長のタイプ別会話術」)

# 4-7

# 想定する対象者は「あるある!」で探す

「タイトル・名前・肩書き」の次は「どんな人に向かって話したいか」を書きます。商工会議所がセミナーを告知するときにもよく書かれます。例を挙げて説明しましょう。

**◉コーチが行なうやる気アップセミナーの想定対象者は……**

「部下のやる気を引き出せていないチームリーダー」
「指示を聞かない部下に日々悩まされているチームリーダー」
「士気の上がらない理由を知りたいチームリーダー」

単に「チームリーダー」「部・課長」対象ではなく、ここまで具体的に書けば「自分のことかな」と思い当たる人も多そうです。この、「**あるある、こんな悩み!**」が基本です。

**◉行政書士が行なう会社設立手続セミナーの想定対象者は……**

「少しでも安く会社設立手続をしたい創業者」

「会社設立について相談する相手がいない創業者」

単に「創業者」とするよりも具体的でイメージもわきやすく、さらに「ここまで創業者の気持ちがわかっている人なんだ」というあなたの強みもアピールできます。

## ◉税理士が行なう節税セミナーの想定対象者は……

「納税額を半分に圧縮しないと困る経営者」

「去年の納税額に驚いた経営者」

単に「会社経営者」とするより、ずいぶん多くの参加者が見込めそうです。この、**「多くの参加者が見込めそう」と商工会議所等の担当者に思ってもらうことが大事**です。

対象者像をイメージするのに一番いいのは、**それらの立場の人々に会って直接悩みをピックアップすること**。答えは現場にあるのです。友人、友人の上司や部下などにあたってみましょう。また、ビジネス雑誌や関連書籍からも情報を集めて、「(こんな問題)ある　ある！」「(こんなことで悩んでいる人)いるいる！」といった、なるべく多くの参加者「像」を集めて、企画書に盛り込んでください。

## 4-8

# セミナー内容を具体的に書く

「セミナー内容」とは、あなたのセミナーの「目次」です。どんな内容で話をするのか、具体的な構成です。大項目をいくつか置き、それぞれに小項目を複数つけるのが基本です。

ボリュームについては、大項目を3～5個、それぞれに小項目を3～5個ずつ、というところでしょうか。それぞれの大項目を同じような分量に整えれば、バランスのよい、聞く側にとって要点のつかみやすいセミナーになります。小項目1個＝5分～10分と考えれば、時間調整の目安にもなるでしょう。5分の小項目を18個用意すれば90分に、10分の小項目を12個用意すれば120分のセミナーになります。

作成する際の一番のコツは、セミナーのテーマにあなたがどれだけ深く、詳しく通じているかをアピールするために、**具体的な事例をふんだんに盛り込むこと**です。172ページの資料では、私が実際に受講者にアンケートをとった事例や、融資の現場での体験に沿って話をしていますし、コーチなら実際のセッションで体験したこと、社労士なら現場で多い要望、税理士なら自分が聞いたお客さんの悩みなど、「本当にあったこと」を入れながら内容を構成するのです。

資格を取ったばかりのビギナー専門家であっても、前項でお話しした通り、現場でヒアリングを行なったり、同業の先輩に尋ねたりしましょう。同業者のセミナー内容も大いに参考になります。聞く人の立場を考えた、相手が欲しがっている内容のセミナーを練り上げてください。

「セミナー内容を充実させたい」と願いながら経験を積み、お客さんや先輩方からヒアリングし、地道な情報収集を続けて作り上げた企画書の内容は、「聞く人のニーズに応える」ばかりではなく、ごく自然に、あなたのオリジナリティも表現しているはずです（それは他の誰でもなく、あなた自身の日々の仕事のエッセンスなのですから）。「オリジナリティ」があれば、商工会議所等の担当者の目に留まりやすい。さらに、「これが自分の『味』かも」という今後の指針にもなり得ます。これからの長いキャリアの中で自信をなくしたり気弱になったりしたときに読み返し、戻ってくるべき原点にもなるでしょう。これは嬉しい余禄です。

# 4-9

# 受講者がこのセミナーで得られるもの／アピールポイントで担当者の興味をかき立てる

担当者は、受講者の反応をとても気にします。受講者にとってメリットがなければ、そのセミナーのアンケートには、厳しいことを書かれてしまいます。

それゆえ、担当者は、「このセミナーを受講することによって、受講者は何を得ることができるのか」というポイントをとても重視するのです。


セミナーで得られるものには、２種類あります。

ひとつは「物質的な利益」。具体的な知識やノウハウなどが、それに当たります。

もうひとつは「精神的な利益」。受講者がこのセミナーを聞くことにより、新たなビジネスアイデアを思いついたり、経営改善に対するモチベーションが高まったりするといったものです。


メリットがあればあるほど、担当者は魅力を感じますので、できる限りわかりやすく具体的にメリットを記載してください。

また、アピールポイントがあれば、それも積極的にアピールしてください。

アピールすべきポイントは、「セミナーの特徴」や「他の講師と違う点」「集客に対するサポート」などです。

「セミナーの特徴」「他の講師と違う点」には、他の同じようなセミナーや講師との違いを書くことで、担当者に「この人じゃないとだめなんだ」と思ってもらうことができます。

また、担当者はセミナーの集客をとても気にしますので、「集客に関するサポート」ができる旨を記載しておくと、とても魅力的に感じてもらえます。

## 4-10
# 「この人をよびたい」と思わせる実績の書き方

セミナー企画書を書く際、実績は、担当者の興味を引きつける上で大きな影響を与えます。せっかく素晴らしい実績があっても、その見せ方が悪ければ興味を持ってもらえませんし、実績が乏しくても、見せ方次第で「この人をよびたい」と思わせることができます。

実績の書き方は大きく分けて2種類あり、あなたの経験によって変わってきます。

### ①商工会議所等でのセミナー講師経験がすでにある場合

基本的には、実際のセミナータイトル、おもな受講者（層）、会場名、セミナーの要約を書きますが、あまりにも経験が豊富なら、セミナーをした商工会議所の名前を並べるだけでも構いません。今、あなたが狙っている商工会議所の担当者が、あなたの企画書に興味を持ったら、知り合いに連絡して実際の内容や受講者の感想などを尋ねるからです。そこでいい評判が聞けたなら、もちろん採用率が高まります。

## ②商工会議所での経験はないが、それ以外の場所で講師経験がそれなりにある場合

商工会議所でのセミナー講師経験がすでにある場合と同じく、実際のセミナータイトル、おもな受講者（層）、会場名、セミナーの要約を書きます。「参加人数」「満足度」といった、具体的な数字を入れると効果的です。講師経験は、「よばれた」ものではなく、自主セミナーでもまったく構いません。ある程度の場数を踏んでいる、安心して任せられる講師であることがアピールできます。

どちらの場合でも、もし今回アピールするセミナー内容とは別のテーマであっても、官公庁や企業、学校、医療機関、ＰＴＡ、また各種の業界団体などでのセミナー経験があれば、併せて積極的に書いてください。

これらは商工会・商工会議所が催すセミナーとはまた違った受講者層ですが、多彩な参加者を相手に話ができる講師だとアピールすることができるからです。

講演風景の写真を持っているのであれば、それも実績欄に掲載してください。大勢の前で話をしている写真を掲載することで、実績を強調でき、担当者に安心感を与えることができます。

4-11

# 採用の決め手！受講者の感想を入れる

受講者の感想を書く欄には、「別テーマのセミナー」受講者の感想を記載しても構いません（その場合はその旨の注釈を入れてください）。

ともあれ、書く。書かねばならない、と私が強く主張するのは、この欄が「採用の決め手」になると肌で感じているからです。

注意しなければいけないのは、**単に「面白かった」「役に立った」という言葉では、商工会議所等の担当者に何もアピールできない**ということです。「何が」面白く、「何が」役に立ち、「具体的にどう」感じたのか、「今後どう」活かしていけると思ったのか、を書くのです。

そうです！　**具体的に**、そして、**感情を込めて**書いてください。

そんな「使える」感想が引き出せるアンケートの作り方については、160ページで詳しくお伝えします。感想を書き写すときは、原文そのままでなくても問題ありません。

一方、セミナー経験の少ない、あるいはまったくない方なら、普段の業務の最後に、お客さんに直接お尋ねすればよいのです。「今日の感想を聞かせてください」「今日、一番役に立ったことは何でしょうか」「今後について何かご要望はありませんか」など。

その際に大切なのは、「今後の自分の勉強のために」意見を聞かせてほしいと正直にお話しすることです。「セミナー開講を考えているので、その企画書のために」と具体的な目的を打ち明けてもいいでしょう。

あなたはもしかしたら「先生」と呼ばれる立場かもしれませんが、謙虚な姿勢でいれば相手も親身になってくれます。いい関係を築けているお客さんなら、あなたのためを思って、素直な感想に多彩な感情表現を加えながら語ってくれるでしょう。

万が一、その「素直な感想」が残念な内容でも、ありがたく真摯に受け止めましょう（企画書への記載はお勧めしませんが）。仕事の糧にならない「感想」なんて、ひとつもありません。

# 4-12

# 商工会議所が必ず行なう「鉄板ネタ」のセミナーテーマ

商工会議所は、いろいろなテーマのセミナーを開催しています。年間必ず10回以上、会議所によっては30回以上行なうところも少なくありません。たくさんの種類がある一方で、「毎年このテーマのセミナーは必ず行なう」という鉄板ネタのセミナーもあります。

毎年（もしくは2～3年に1回）必ず行なうのは、次のセミナーネタです。

**①資金繰り・資金調達、②販売促進・売上アップ、③人材採用・人材育成、④事業承継⑤起業・創業、⑥地域活性化、⑦営業・マーケティング**

爆発的な人気があるわけではありませんが、経営者の悩みに直結するため、コンスタントに採用されるテーマです。それだけに競争も激しく、「誰でもできるような話」であれば、採用されるのは難しい。自分なりの「メソッド」を確立できていないと、なかなかお声がかかることはありません。

企画書を作成する際のオリジナリティがとても重要になります。

特にタイトルで目を引くことができなければ、採用に至りません。タイトルの一例を挙げておきます。

**①資金繰り・資金調達**　「必要なだけお金が借りられるお店になるための銀行との上手なつきあい方」

**②販売促進・売上アップ**　「売上アップのための販促アイデア30連発」

**③人材採用・人材育成**　「欲しい人材が応募してくるハローワーク求人票の書き方」

**④事業承継**　「後継者がいない会社を存続させる方法」

**⑤起業・創業**　「金融機関を納得させる創業計画書の作り方」

**⑥地域活性化**　「思わず買いたくなる商品ストーリーの作り方」

**⑦営業・マーケティング**　「自社の強みは、顧客に聞け！　営業力をアップさせる6つのしかけ」

これ以外の担当者を引きつけるセミナーテーマは、次のページでご紹介します。

## 商工会議所で行なわれているセミナーテーマ

- 販促
- 集客
- 事業承継
- 経営革新
- クレーム対応
- 補助金
- AI
- IT活用
- 営業
- 高齢者活用
- 社員教育・人材育成
- 人材採用
- 時流に乗る(軽減税率・マイナンバー等)
- 新規事業開発
- 財務分析
- 飲食店向け
- 接客術・接遇
- 顧客満足
- 人事評価
- チラシ作り
- マーケティング
- チームビルディング
- インターネット活用
- リピーター作り
- おもてなし
- ファシリテーション
- 話し方
- 事業計画
- 資金調達
- 資金繰り改善
- 地域(地方)創生
- 地域資源活用
- 商品開発
- 経営戦略
- 女性活用
- コストダウン・経費削減
- コーチング
- モチベーション
- 業務改善
- ビジネスマナー
- インバウンド
- ビジネス文書
- POP
- プレスリリース
- ラッピング
- 名刺の作り方
- 風水
- 農商工連携
- 海外進出
- IoT
- メンタルヘルス
- 助成金
- 就業規則
- 労務管理
- 法改正
- 債権回収
- 人事制度構築
- 会計入門
- 決算書の見かた
- 税制改正
- 税務調査対策
- 相続
- 時間管理術
- 未払い残業代対策
- 日本経済のゆくえ
- 資産運用
- 経営理念
- リーダーシップ

## 商工会議所で行なわれているセミナーテーマ

下記に紹介するセミナーテーマは、実際何度もよばれている
実績のあるテーマです。これらのテーマを参考にして、
「何度もよばれるセミナーテーマ」を作るための一助にしてください。

- □ 高齢者の活用のしかた
- □ お客様の購買意欲を呼び起こす販促術
- □ 企画力・発想力強化で販売力・売上アップ
- □「最強」のプレスリリース活用セミナー
- □ 組織を動かす「部下力」の磨き方
- □ マイナンバー制度による年末調整業務への影響と対策講座
- □ 相手の気質を一瞬で見抜く! 性格分析術
- □ お客様の心をつかむ手作りPOP作成術
- □ 心に残る!「また来たい!」と思わせる接客術
- □ すぐに辞めない人材を「採る」「育てる」5つの秘策
- □ “やる気” が10倍ふくらむ従業員育成術
- □ ホームページ・SNSを活用するIT販路開拓戦略術
- □ お店に行きたいと思わせる! 売れるチラシ・DMの作りかた
- □ 感動で泣いた! ディズニーの社員教育・人材育成術
- □ ムリせず、ウソをつかず1億売れた!!「営業トーク」
- □ 中小企業のためのLINE活用術セミナー
- □ お客様を“集める”から“集まる”に変えるインターネット活用術
- □ お金をかけずに客単価が上がる・売上が伸びる!
- □ 感動を創造する! お・も・て・な・し
- □ お客様の怒りを笑顔に変えるクレーム対応からの顧客獲得術
- □ 消費税増税ビジネスチャンス戦略術
- □ 補助金を活用して売上アップ!
- □ 小さな会社のための小予算販促セミナー
- □ 軽減税率導入に向けての準備と今後の対応・ポイント
- □ これからの社長夫人は財務分析のプロになれ!
- □ 事業承継の出口戦略　～後継者がいない会社を存続させる方法
- □ 15年間採用に困らない秘訣とは!?　～パート社員が頑張るケーキ屋の繁盛経営術
- □ 人工知能が製造業に与える衝撃
- □ 顧客満足を実現する! 個性心理学

## 4-13

# 時流に乗ったテーマは採用されやすい

集客力が高いセミナーは、２つのタイプに分かれます。

ひとつは、「普遍的なテーマ」のセミナー。前項で、「鉄板ネタ」のセミナーとして紹介したものです。

もうひとつは、「時流に乗ったテーマ」のセミナーです。

たとえば、消費税が上がるときには「消費税対策セミナー」に予算がついたので、どの商工会議所も「消費税対策セミナー」を行なっていました。マイナンバーの導入前後では、「マイナンバーセミナー」が人気でした。補助金に関するセミナーも人気が高いので、よく行なわれます。

今後は「事業承継」、それも「親族内承継」ではない、「親族外承継」に関するセミナーを、商工会議所は実施したがるでしょう。

「来年はどんなテーマのセミナーがたくさん行なわれそうか」については、事前に調べることができます。

毎年8月31日になると、経済産業省のホームページで「来年度予算の概算要求案」が発表されます。この**「概算要求案」を見ることで、商工会議所が求めるセミナーネタを簡単に見つけることができる**のです（158ページ参照）。

この「時流に乗ったセミナー」も、2つのタイプに分かれます。

ひとつは**スピード重視**のもの。新たな制度の導入や、重要な法律改正に関わるセミナーなどは、「鮮度が命」であるため、どれだけ早くセミナー企画を提案できるかで、採用の可否に大きな影響を与えます。

以前の例で言うと「マイナンバーセミナー」などがそうでした。

マイナンバーについては、多くの経営者が関心を持っていました。しかし、制度の発表直後は誰も情報を持っておらず、情報に飢えていました。

そんなときに、ある講師は、「内閣官房」の「マイナンバー」のサイトを見て、その内容をまとめただけのセミナーを作りました。

内容的には、サイトを見るだけで手に入る情報だったのですが、他の誰も「マイナンバーセミナー」をしていなかったので、しばらくその講師はひっぱりだこになりました。
そして、その実績をアピールすることで、他のテーマで、他の商工会議所からの講師依頼も獲得し、今では全国でも名の売れた講師になっています。
「税制改正」や「補助金」に関するセミナーもこのタイプに当てはまります。

もうひとつのタイプは**話題性のあるもの**。
新聞やテレビのニュースで取り上げられている内容に絡めたセミナーは、世間の関心が高いため、集客力があります。

私は融資コンサルタントとして、「銀行との上手なつきあい方」というテーマでセミナーをしています。爆発的な集客力があるわけではありませんが、コンスタントに集客できている鉄板型のセミナーです。
以前、「半沢直樹」というドラマが流行ったときに、セミナータイトルを「半沢直樹から学ぶ銀行との上手なつきあい方」にしたところ、普段の何倍も受講者が集まりました。

大河ドラマをテーマにして

「○○から学ぶ、人の動かし方」

（○○には、来年放映予定の大河ドラマの主人公の名前をいれる）

といったタイトルにすると、集客率が上がるようです。

鉄板ネタでオリジナリティを出すのは難しいと思うのであれば、最新の情報を使ったセミナーを作るか、自分のセミナーネタを時流に絡ませることによって、採用してもらえる確率を高めることができますよ。

4-14

# サイトから商工会議所の「傾向」を知る

企画書作りの前に知っておきたいのは、商工会議所等の「傾向」です。

## ①ネットで一般的な傾向を調べる

セミナー企画書を作成する際、「どんなセミナーが求められているのか」を知るのは大切です。まずは、全国各地で行なわれている商工会議所のセミナーを調べ、今、一般的にどんな傾向のセミナーが多いかをチェックしましょう。自分の持ちネタをその傾向に合わせて企画書を作成すれば、採用の確率はグンと高まります。というのも、商工会議所は、経済産業省や中小企業庁の意向を受けてセミナー運営することが多く、ある程度共通した傾向があるからです。たとえば今、中小企業庁等が力を入れている「事業承継」「地方創生」「IT活用」「人材不足対応」などに関連するセミナーは上げ潮です。このような情報は経済産業省や中小企業庁・中小企業基盤整備機構のホームページに書かれています。

## ②各商工会議所の傾向をリサーチする

全国的な傾向とは別に、それぞれの商工会議所によっても、セミナー内容に傾向があるのをご存じでしょうか。営業系セミナーに注力しているところ、青年会向けの内容が多い商工会議所、パソコンや簿記など資格・スキル獲得セミナーを重視しているところなど、それぞれにカラーがあります。また、担当者の好みによって傾向も変わってきます。すぐ使えるノウハウを求める担当者もいれば、理論好き担当者、またソフトで面白い内容のセミナーを好む担当者もいます。さらに、各商工会・商工会議所では、会員のニーズが高そうなセミナー内容を予想し、それに沿ったセミナーを担当者が独自に企画することもしばしばあります。

それらの内容も、もちろん時代に影響されます。たとえば今、私は「金融機関との上手なつきあい方」というセミナーの依頼が多いのですが、金融庁が「事業性評価融資（財務内容や担保・保証に頼らず、企業の将来性や成長可能性・事業性を判断して行なう融資）」を推進していることにより、より有利に融資をしてもらうためには、金融機関とよりよい関係を作る必要があると考えている中小企業が増えているからです。

いずれにしろ各商工会議所のセミナー傾向も、それぞれのサイトから見えてきます。ほんの少しの時間でリサーチできるので、ぜひチェックしてください。

## 4-15

# 求めているセミナー企画を担当者から直接聞く

セミナー企画に携わっているのは1人ではありません。商工会・商工会議所にもいろいろな部署があり、部署ごとに企画を練っています。自分の持ちネタに関係する部署の担当者に会って話をすれば、どんなセミナーが望まれているのかがわかりますので、意中の商工会議所があるなら直接担当者に尋ねましょう。

遠回しな質問をする必要はありません。「どんなセミナーを企画なさっていますか？」と聞けば、フランクに教えてくれることが多いものです。

そこで「こんなセミナーを考えている」と具体的なキーワードが相手から出てきたら、私の場合、すかさず乗っかります。

キーワードが持ちネタと100％合致しなくとも、「ああ、そっちのほうですか。**それも得意分野です**」と受け、さらに「今日はそちらの企画書を持ってきていませんが、明日にでもお届けいたします」とかぶせてしまいます。そして、急いで帰って新たな企画書を作るのです。

もちろん、全然ムリなキーワードに乗っかることはありません。「そのキーワードなら自分の持ちネタをフィットさせられる」と判断したからこそ、急いで戻って新しい企画書を作るのです。そのおかげでネタの幅が広がり、ネタの幅が広がったおかげで採用される確率も高まりました。

最初のうちは、自分の持ちネタと100％一致しなければ、あえて見送るのも一案です。少しずつ自分のセミナーネタに慣れて、いつか冒険心が芽生えた時、相手の（ムリ目な）キーワードにひるまず「あ、それも得意分野なんです」と言ってみてください。新しい世界が拓けていきますよ。

私は「そのテーマは、2番目に得意な分野なんですよ」と言って、講師依頼を勝ち取ることが少なくありませんでした。

# 4-16 「補助金セミナー」は集客力が抜群！

毎年8月末になると、各省庁から財務省宛に「概算要求案」が提出されます。それに伴い、各省庁のホームページに、その概算要求案の内容が公開されます。

私は、経済産業省の概算要求案が公開され次第、詳細にチェックします。この情報を子細に読むことで、「どんな補助金が来年は募集されるのか？」「募集時期はいつ頃になるのか？」ということを簡単に予想することができるわけです。

最近は中小・零細企業や小規模事業者が使える補助金が増えてきたため、経営者の多くが、補助金に高い関心を持っています。商工会議所で補助金セミナーを開催すると、たくさんの人が集まるので、商工会議所の担当者も補助金セミナーを行ないたがる傾向にあります。

経済産業省系の多くの補助金は、募集開始から締切までの期間が1～3ヵ月と短いため、商工会議所としても、募集開始してからできるだけ早い時期に補助金セミナーをしたいと

## 概算要求案の探し方

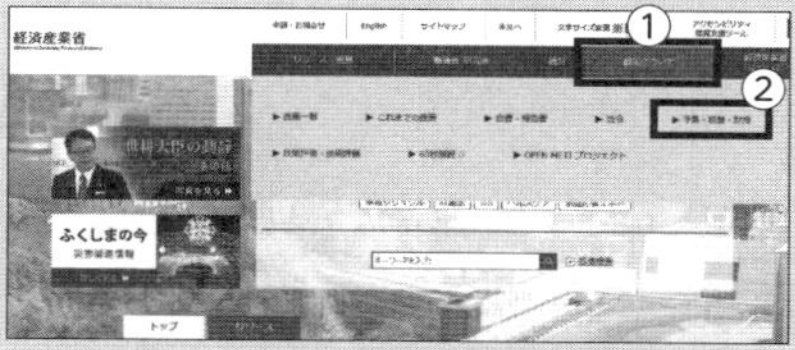


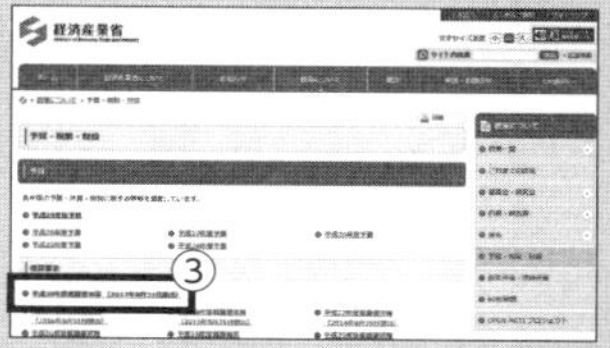


①経済産業省ホームページ(http://www.meti.go.jp/)の上部「政策について」をクリック
②「予算・税制・財投」をクリック
③「平成30年度概算要求等」をクリック。
その中の「平成30年度　経済産業政策の重点」をクリックすると、来年度の経済産業省の施策情報を手に入れることができる

考えています。誰よりも早く、来年の補助金のセミナー企画書を作成し、商工会議所に提案すれば、採用される確率はとても高くなります（もちろん、その商工会議所の担当者と知り合いになっているというのが前提条件ですが）。

また、補助金セミナーは、その後の仕事につながりやすいというメリットもあります。

セミナーで「補助金の概要について」「申請方法」「採択されやすい申請書を作成するためのコツ」といった内容をどれだけ細かく説明しても、「どうしても自分ではできない」という経営者が必ずいるので、そうした方に「今回の補助金申請のお手伝いをしますよ」と伝えると、そのまま業務依頼につながるパターンが少なくないのです。

# 4-17 次のコンテンツ作りにバシッと活きるアンケートとは

受講者へのアンケートを作る場合に気をつけるべきは、**当日の感想を聞いただけでひと安心しない**ということ。「よかった」「つまらなかった」「長く感じた」というのはその日限りのことで、あなたの当日のパフォーマンスについての評価です。もちろんそれもぜひ聞いておきたいことですが、まず私は次のようなことを尋ねています。

**①何でこのセミナーを知ったか？**

これでわかるのは、チャネルの強弱です。ホームページ、メルマガ、ブログ、ツイッター、SNS、チラシ——数字のバラつき加減を見て、弱いチャネルを切って強いチャネルに集中するべきか、弱いチャネルを底上げすべきか、などの判断材料にもなります。

**②来る前に悩んでいたことは？**

受講者のニーズがハッキリわかります。

## ③すぐ申し込んだか、しばらく迷ったか？

しばらく迷った人の阻害要因を知ります。場所、料金、日程や時間帯、チラシの出来、タイトル、内容の説明文、などです。内容が伝わってなさそうだという感触があれば、すぐにタイトルや説明文を見直します。

## ④（しばらく迷った人へ）それでも来ようと思った決め手は何か？

阻害要因を越えるほどの強み＝次の告知で大いにアピールする価値がありそうな点を調べます。内容は③と似たようなものになりますが、つけ加えるなら、紹介してくれた友人が信頼のおける人だったから、というケースも考えられます。

あとは当日の感想、そしてその受講者にとって「実践したいセミナー成果」を尋ねます。これらも、今後のセミナー作りに有用な情報です。

参考までに、このアンケート作りに大いに役立った書籍をご紹介しておきます。

『「Ａ４」１枚アンケートで利益を５倍にする方法』（岡本達彦著・ダイヤモンド社刊）

## 次のアンケートにつなげるためのアンケート例

### 「商工会議所によばれる講師になる方法」セミナーに
### ご参加の皆様へ

このたびは「商工会議所によばれる講師になる方法」セミナーにご参加いただきまして、誠にありがとうございました。
セミナーにご参加の皆様に、ぜひご感想やご意見をお伺い致したく、アンケートを実施致します。
ご協力の程、よろしくお願い申し上げます。

**【ご記入欄】**

①このセミナーに参加する前に、悩んでいたことは何でしたか？

②このセミナーを知ってからすぐ申し込みましたか？　申し込まなかったとしたらなぜですか？

③何が決めてとなって「商工会議所によばれる講師になる方法」セミナーに申し込まれましたか？

④「商工会議所によばれる講師になる方法」セミナーに参加してのご感想

⑤「商工会議所によばれる講師になる方法」セミナーで学んだ中で実践しようと思っていること

⑥その他、ご意見・ご感想

⑦本アンケートを「チラシ」「HP」等に資料として利用してもよろしいでしょうか？
（該当項目に○してください）

使用可　　イニシャル・ニックネームなら使用可　　使用不可

お名前（ニックネーム可）：

会社名：

## 何度もよばれる講師になるための「企画書作成棚卸しシート」

① あなたが話を伝えたいターゲットは（できる限り具体的に）

② そのターゲットのニーズは?

③ そのニーズを踏まえ、自分は何をターゲットに伝えたいですか?

④ セミナーの構成を考えてください（大項目を5〜7つ）
⑤ セミナーの構成を考えてください（小項目を3〜5つ）

1.
・
・
・
・
・

2.
・
・
・
・
・

3.
・
・
・
・
・

4.
・
・
・
・
・

5.
・
・
・
・
・

⑥ なぜ、あなたは、そのセミナーができるのでしょうか？（あなたしかできない理由）

（実績・資格）

（経験）

（こだわり・ストーリー）

（主な著作物）

⑦ あなたのプロフィールを 200 文字程度でまとめてください

⑧ そのセミナーでターゲットは何を得ることができますか？

（物質的な利益）

（精神的な利益）

⑨ あなたがセミナーを行なう上で、アピールできるポイントはありますか?

| |
|---|
| |

⑩ あなたのセミナーの実績を具体的にお書きください（タイトル・場所・参加者の層・セミナーの雰囲気・主催者・参加者数等）

| |
|---|
| |

⑪ 受講者の喜びの声・喜びのエピソード

| |
|---|
| |

⑫ 他の人がまだ言っていないユニークな肩書きを考えてください

| |
|---|
| |

⑬ セミナーのタイトルを考えてください

| |
|---|
| （機能） |
| （感情） |

## セミナー企画書のひな形

| | セミナータイトル |
|---|---|
| | |
| | |

●想定する対象者（ターゲット）

●セミナー概要（章立て）

●プロフィール

| ●受講者がこのセミナーで得られるもの／アピールポイント |
| --- |
| |

| ●セミナー実績 |
| --- |
| |

## 企画書例①

セミナータイトル

**「右腕パート社員を育てあげるための5つの決め手!!」**
**～パート、アルバイト社員を経営に参画させ、**
**戦力にする究極的方法とは～**

有限会社トレボン 代表取締役
組織活性化コーチ **砂川邦夫**

### ●想定する対象者とそのニーズ

**対象者：**
- 求人広告出してもパート、アルバイト社員が集まらず窮地に陥ったことのある経営者、人事担当幹部社員
- せっかく育てて、やっと一人前に仕事が出来るようになったと思ったら、突然、辞表を突き付けられた経験のある経営者、人事担当幹部社員。
- 社員やパート社員の離職率が高くて頭を抱えている経営者、人事担当幹部社員。

### ●セミナーの内容

**第1講　組織作りのキーポイントを知る**
①部下育成で犯しがちな誤りを知る。

**第2講　やる気が育つ部下育成の一つの法則と三つのステップ**
①部下との信頼関係を創る法則
②部下との信頼関係を創る 3 つのステップ

**第3講　パート社員の育て方 5 つの決め手**
①部下がやる気になる話の聞き方。
②部下を育てる褒め方、叱り方。
③部下の考えを広げる質問の仕方。
④自分を知り、相手を知るための会話の4つのタイプを知る。
⑤部下の強みを知り、活かす方法。

### ●プロフィール

最終学歴:明治大学法学部卒業
- 農業団体で経営指導に従事し、1997年(有)トレボンを設立、起業しFCで和洋菓子販売店の経営をはじめる。
  開業1年目より、チェーン店380店舗中、最優秀店舗として表彰される。
  その数年後、業績が激減し、1人で組織を運営することの限界を感じ、部下育成の必要性を実感。
- そこで、2005年から日本最大のコーチ養成機関「コーチ21(現コーチA)」でコーチングを学び、社内でコーチングを取り入れ「部下との信頼関係」を構築するため、全員でコミュニケーション力を上げるトレーニングに取り組む。
  さらに、“人の違い”に着目し、人の「強み」を磨き、活用するツールである“ストレングス・ファインダー”を学び、従業員個々の「強み」を活用したチーム作りに取り組み、アルバイト社員を店長に育て、その上、パート社員を経営に参画させ業績の向上を図る。

2015年はパート社員を含む全社員で「お客様に最大限提供できるサービスはなにか?」を検討・実践した結果、12か月連続で毎月、対前年比で増収増益を達成。

- 今まで、15年間連続で有料広告を一切出すことなく、正社員、パート社員、アルバイト社員を採用する。
- コーチングとストレングス・ファインダーをベースにした企業研修では、前年度まで離職率22.4%の財団法人を一年で離職率ゼロにするなどの成果を上げる。
その他、大手自動車メーカーやIT企業にてマネージャー研修を実施。
- 毎年、地元小・中学校のPTAを対象にした「親力向上のためのコーチングセミナー」を実施し、毎回50名以上の参加を得ている。
- 2015年末までに企業経営者、幹部社員を中心に1000時間を超えるコーチングセッションを実施。

## ●受講者がこのセミナーで得られるもの／アピールポイント

**<受講者がこのセミナーで得られるもの>**

- 従業員が自立し、業績を上げる組織が作れない落とし穴を理解し、短期間で出来る組織創りのポイントを学び、誰でもできる組織創りのプロセスを把握できるようになる。
- 経営者の影響力は部下との信頼関係が構築されているかどうかによるという仕組みを理解し、自発的に行動する部下が確実に育つステップを理解し、実践できるようになる。
- 多様化する価値観を持った従業員が多数を占める現代社会では、役職や権限では人は動かせない。そこで、部下とのかかわり方の改善を図る手立てを身につけ、パート社員を育て、業績を向上させることができるようになる。

**<アピールポイント>**

- 個人の価値観が多様化する現代社会で業績を上げ続ける組織を作るためには、20 世紀型の「アメとムチ」の仕組みでは人は動かないことに着目し、人の「強み」「コミュニケーションのタイプ」等人の資質の違いを知り、部下との「信頼関係の構築」を土台の据えた部下育成の手順を理解し、確実に実践できるプロセスが学べる。
- 500時間を超えると一流とさえ言われるコーチ業界で、経営者や幹部社員、マネージャーを中心に1000時間を超えるコーチングを実践し、そこで学んだ理論を基に人材育成と組織創りの成功パターンを構築し、“自社で実証した手法”なので、確実に社内で活用できる内容になっている。

## ●セミナー実績

- お菓子メーカーFC店店長研修
- 静岡県団塊世代研修会、NPO法人幹部研修
- 関東大学サッカー連盟事務局スタッフ研修、公益財団法人営業スタッフ研修、異業種経営者交流会
- 埼玉県市立幼稚園PTA研修、さいたま市立小学校PTA親力研修、東京近郊小学校教員研修　他
- 大手自動車メーカー管理職、IT 企業マネージャー研修他

## 企画書例②

セミナータイトル

**意外に簡単!**
**医療機器業界に参入するための7ステップ**
**～あなたの持っている技術は医療機器製造に転用できる～**

医療機器業界転進ナビゲータ

**●想定する対象者とそのニーズ**

新たな客先（メーカ）を探している、中小企業の経営者。
下請けから脱して、自ら開発メーカになろうとしている会社の経営者。
医療機器のことは何となく知っているが、難しくてできないと思っている経営者。
どうすれば、医療機器業界へ参入できるのかわからない経営者。

**●セミナーの内容**

**1ステップ**：医療機器業界は、今後20年以上に渡って成長産業、安倍政権は21世紀の国家戦略として医療機器を柱のひとつに挙げています。

**2ステップ**：平成26年「薬事法」は「医薬品、医療機器等の品質、有効性及び安全性の確保等に関する法律」となり大改正されました。理由は中小企業の参入障壁を取り除くためです。

**3ステップ**：同じ物を作っても、医療機器と承認されれば売り値が変わります。それがなぜなのか、わかりやすく説明します。

**4ステップ**：御社の加工技術はなんですか?その技術でどんな医療機器が作れるのか、まずはそこを調べましょう。

**5ステップ**：業許可の取り方もステップアップ。医療機器には、身体に与える影響に応じて、「クラス」というものがあります。何でも同じですが、やさしいものから取って実績を作りましょう。

**6ステップ**：医療機器の管理技術は簡単です。それは証拠を残すこと。

**7ステップ**：最後に肝心なこと、新たな事業への参入は組織の文化へ影響を与えます。それは、最小限に抑えなければなりません。それには、時間をかけてコミュニケーションをしっかりとることです。経営者には、社員を幸福にする責任があるのです。

**●プロフィール**

OEM、自社ブランドなど、20年以上にわたり医療機器メーカの工場長として勤務。その間医療機器製造責任者（国家資格）として、インプラント、ステント、外科用手術具などの試作開発から量産立ち上げまでを手掛けてきた。
工場では、マシニングセンタやワイヤーカット加工機、NC旋盤を主力とした工場（40名程度）で生産管理や品質管理を行なう。また、自らもプログラム作成や、切削加工を行ない工場の自動化、省力化もてがけてきた。

平成24年にエンジニアの最高資格である技術士の機械部門と総合技術監理部門を同時に取得。この年の同時取得者は日本で1名だけだった。

25年からは、次世代を担う技術者教育の一環として、技術試験対策講座を自ら開催。また、26年には、技術士試験対策の本も出版（新技術開発センター刊）。

さらに、最近は医療機器業界への参入を狙う上場メーカからの依頼で、企業内研修を行なっている。

## ●受講者がこのセミナーで得られるもの／アピールポイント

**〈受講者がこのセミナーで得られるもの〉**


平成26年の薬事法大改正によって医療機器製造業の参入障壁は低くなりました。まずその部分を十分説明します。

日本の中小製造業はどこも技術的には素晴しいものを持っています、しかし、自分ではそれがわかっていません。海外との比較で、技術力に自信を持って頂きます。

医療機器は10万点以上のアイテムがあります。ほとんどの製造業で「この製品なら」と言えるアイテムがあります。あとは、管理技術をマスターするだけで医療機器業界へ参入できることが理解できます。


**〈アピールポイント〉**


実際に医療機器を作る場合に法律上の問題点を解説し、今の技術をどのように応用すれば医療機器業界で活躍できるのかを7つのステップに分けて順番に解説・説明します。

単に、「医療機器等法」（旧薬事法）の改正ポイントや届出の方法を解説しても、中小企業経営者の心に響きません。


医療機器の製造届けに関しては、行政書士の方が業務として行なっています。

しかし、行政書士の方は技術のことは素人です。そのため、薬事法に関するセミナー・講習はほとんどの場合、法律のプロによる「法律」の説明であり、中小企業の経営者には、「?」となるものです。

私は、製造のプロ、技術士として医療機器業界で業務を行なってきました。医療機器製造の管理技術としては、ISO13485やQMS省令があります。製造側の人間で、この話ができるのは非常に少ないと思います。

もの作りの側から、医療機器製造の届けや認可のことを話せる数少ない講師であると考えます。

## ●セミナー実績

新技術開発センター主催:技術士試験対策講座（2015年は東京・大阪で12回。2016年の予定は、東京、大阪、名古屋、仙台で16回）。
上場企業での企業研修数回（テーマは、医療機器製造のポイント）。

## 企画書例③

セミナータイトル

**消費税増税のチャンスをピンチに変える**
**小さな会社のための【ビジネスチャンス戦略術】!**

**東川　仁**
(ひがしかわじん)

㈱ネクストフェイズ　代表取締役
経営コンサルタント（中小企業診断士）
ビジネスチャンスプロデューサー

### ●想定する対象者とそのニーズ

- 消費税増税により、売上・利益が減少する可能性の高い中小企業経営者・小規模事業者
- 業績が悪化している中小企業経営者・小規模事業者
- 新たな収益の柱を作りたいと考えている中小企業経営者・小規模事業者
- 中小企業・小規模事業者に経営指導をしている士業・コンサルタント

### ●セミナー概要(章立て)

**1**
- 知っておくべき「消費税アップ」の基礎知識
- 今回の消費税増税のポイント
- 消費税増税の際に必要な対策
- 消費税増税は自社経営見直しの絶好の機会　他

**2**
- 増税前の「駆け込み需要」を確実に取り込む方法
- 駆け込み需要で「売れる商品」、「売れない商品」
- いつ、攻勢をかけるべきか
- 駆け込み需要を確実にとらえる「値段」のつけかた　他

**3**
- 増税前と増税後の顧客のお金の使い方はこう変わる
- 消費者 100 人に聞きました（独自調査結果）
- 消費者が節約すべきところは?
- 必要と思われる商材にするために　他

**4**
- 消費税増税後における金融機関の融資姿勢はこう変わる
- 増税後の融資のポイント
- 増税時の運転資金をスムーズに借りる方法
- 「応援したい会社」と思ってもらうためにしておくべきこと　他

**5**
- 消費税増税をビジネスチャンスにするために
- 自社のビジネスモデルを見直してみる
- 売上を伸ばすための 4 つの方法
- 自社の「強み」は、顧客に聞け!　他

## ●東川　仁　プロフィール

所属金融機関の破綻により、担当していた複数の取引先が倒産。その時に何も出来なかった悔しさから、「「金融機関との上手なつきあい方」を、できるだけ多くの中小企業に伝え、それらの企業の成長や発展に貢献する」という使命を胸に抱き、経営コンサルタントとして独立。
2000社以上の中小企業に対する指導と、年間200回以上の登壇という経験に裏付けられたセミナー・講演は、「即、やる気になり」「すぐ使える」と大好評を得ている。

### 【このセミナーができる根拠】(職歴・経歴)

**【職歴・経歴】**

**1989年～2002年**
関西大学卒業後、信用組合関西興銀入組。本店営業部をはじめ6つの支店にて、営業及び融資業務を担当。中小・零細企業、小規模事業者延べ1,000社以上の取引先に対して、融資を行なう。
取引先の多くが、商工会議所の会員と同様の規模であったため、商工会議所のセミナーに来る受講者の悩み・経営課題については熟知している。

**2003年**
2000年12月に関西興銀破綻。当時、融資を依頼されていた取引先が10社あったが、融資できなくなったため、うち3社が倒産・廃業となった。その原因を調査したところ、一番の原因が「経営者が金融機関との上手なつきあい方を知らなかったこと」だった。
「それを伝えることが出来ていたら、あの3社は潰れなくて済んだのに」という後悔から「『金融機関との上手なつきあい方』を、できるだけ多くの中小企業に伝え、それらの企業の成長や発展に貢献する」という使命(ミッション)を胸に抱き、経営コンサルタントとして独立。
以降、中小企業の資金調達コンサルティングを中心に経営コンサルティングを行なう。

**2006年～2017年**
2006年　大阪府中小企業支援センター　サブマネージャーに就任。金融担当サブマネージャーとして、創業者支援・中小企業支援を行なう。このときに、大阪府下の金融機関とのパイプを築く。
以降、業務を資金調達支援から、経営相談・経営支援を中心に行なう。
2006年～2017年に経営相談・経営支援を行なった中小企業・小規模事業者は2,000社を超える。
2010年から2017年まで、商工会議所・商工会・業界団体・金融機関等で毎年200回以上のセミナー・研修・講演を行なう。

**【主な著作物】**

【銀行融資を3倍引き出す!　小さな会社のアピール力】(同文舘出版)／【お客は銀行からもらえ!-士業・社長・銀行がハッピーになれる営業法】(さくら舎)／【90日で商工会議所からよばれる講師になる方法】(同文舘出版)／【依頼の絶えないコンサル・士業の仕事につながる人脈術】(同文舘出版)／【士業のための「生き残り」経営術】(角川フォレスタ)／金融機関向け専門誌「近代セールス」にて、2009年から現在まで連載中(現在の連載は「社長のタイプ別会話術」)

## ●受講者がこのセミナーで得られるもの／アピールポイント

**〈受講者がこのセミナーで得られるもの〉**

- 今回の消費税増税に関する正しい知識を身につけることができる
- 消費税が増税されても、売上や利益を増やせる具体的な方法を知ることができる
- 利益を減らさない「値付けのしかた」を知ることができる
- 金融機関との上手なつきあい方を知ることができる
- 自らのビジネスモデルを見直す機会になる
- 明日から、すぐやる気になれる

**〈アピールポイント〉**

- 読者数 20,000 人超のメールマガジンや facebook、ブログ等で、セミナーの告知をすることで集客に協力できる
- 以前のセミナー受講者に、直接、受講を呼びかけることができる
- 「資金調達」「中小企業に対する支援」両方についての経験が豊富な講師である
- 1500 回以上のセミナー登壇経験があり、受講者を 1 秒たりとも飽きさせない技術を持っている
- セミナーの満足度 95% 以上の実績がある

## ●セミナー実績

**〈セミナー実績〉**

阿南商工会議所／貝塚商工会議所／京都商工会議所／堺商工会議所／守口門真商工会議所／松原商工会議所／松江商工会議所／水沢商工会議所／西宮商工会議所／千葉商工会議所／大阪商工会議所／大阪府商工会連合会／大東商工会議所／東京商工会議所／尼崎商工会議所／能美市商工会／飯塚商工会議所／福井商工会議所／福知山商工会議所／兵庫県商工会連合会／米沢商工会議所／豊中商工会議所／北見商工会議所／箕面商工会議所／緑町商工会／大阪産業創造館／大阪府中小企業支援センター／北河内地域中小企業支援センター／㈱リクルート／同志社大学／関西学院大学／大阪成蹊大学／龍谷大学／近畿産業信用組合／奈良銀行／高砂青年会議所／滋賀県行政書士会／近畿税理士会 その他多数実績あり

**〈受講者の声〉**

- 「どこに行けばいいのか」「何を準備すればいいのか」「どれだけ自己資金を用意しておけばいいのか」を詳しく聞かせていただき、非常に有意義なセミナーでした。
- 楽しくどんどん時間が過ぎていきました。考える方向が見えてきました。
- 東川先生のお話のされ方も大変軽快で楽しく、引き込まれました。内容も大変参考になり、見方・考え方を変えていこうと思いました。
- 知りたいことを知ることができて参加してよかったです。レジメ・チェックシートがわかりやすく面白かったです。
- 東川先生の思いやりのある丁寧なセミナーで、楽しく過ごすことができました。そして、やりたいことが明確になりました。

## 企画書例④

セミナータイトル

**人見知り男性だからこそできる**
**90日でパートナーを引き寄せる方法**
**女性が好む「見た目」「聴き方」「話し方」**

**福田　紘子**　劇的見た目アッププロデューサー
（ふくだ　ひろこ）

**●想定する対象者とそのニーズ**

年齢的に結婚を意識するようになったが面倒くさい 30 代男性
男性なら問題ないが女性とのコミュニケーションには自信が持てない消極的な男性
婚活をしていてもなかなか進展がなく1回で終わって2回につながらない男性
そもそも自分の見た目に自信が持てない、ファッションがわからない男性
今まで付き合った女性の人数が3人以下くらいしかいない男性

**●セミナーの内容**

①女性の好む見た目はさわやかである
- 0.25 秒が女性に与えるイメージ
- 清潔と清潔感のちがい (3Kチェック )
- お洒落と身だしなみの違い洋服ステップアップ法

②女性が好む聴き方は笑顔が有効
- 話を聞く男性のほうの印象が良い理由
- 意見・分析は最後の最後まで必要ない理由
- 返し方を覚えれば聞き上手と思われて印象アップ

③こんな話し方をすると女性が寄ってくる
- 3F会話法
- 女性の会話の特徴は3つあります
- 目を見て話さないこと

④自分の個性を知る
- 「アキラメル」 本当の意味を知っていますか?
- 3分類によるコニュニケーションの取り方の違い
- 12分類キャラクターの特徴

⑤女性が求める男性とは
- 求めているのは「大切にされている」実感
- 顔立ちよりも醸し出される顔つき
- 出来る男性とは何かに真剣に取り組む姿と熱意

⑥あなたが求めている女性を具体的にする
- よい女性がいないのは漠然としているから
- イメージした女性しか現れない理由

## プロフィール

**福田 紘子**

1978年生まれ。大阪府出身。素敵な配偶者あり。
医学部の受験に失敗してアルバイトから社会復帰するがコニュニケーションがうまく取れず悩みはじめる。就職活動をするものの自信がなかったため100社以上の面接に落ちる。「頑張りたくても採用されなければステージに上がれない」と、自分なりにどのように見せたら採用されるかを独自に研究して次々に試していく。結果的に金融大手一部上場企業に勤めることになる。

その後、外見心理に興味をもつようになり2006年イメージコンサルティングに出合う。当時、AICI国際イメージコンサルタント協会会長の大森ひとみに師事し幅広く知識と技術を習得する。
2008年、フロリダにイメージコンサルタント試験と研修のため1週間の滞在の中で各国の外見に対する意識があまりにも日本と違うことにショックを受ける。また日本人の内面を大切にし、調和を大切にする文化の良さにも改めて気づく。試験合格後にそのスキルを活用し転職先の会社の入札業務において4年間で6億円を受注し、これまでうまくいかなかった恋愛もうまくいきはじめ、一気に道が開けたことから外見のもつイメージも痛感する。

「外見9割が変わればセルフイメージが変わり人生の9割が変わる」を軸により多くの人の魅力を引き出して自信をもって望みに近づいていただきたいと思い独立。セルフイメージを上げるためのカウンセリングにはじまり、イメージゴール作り、ファッションのアドバイス、似合うカラーの提案、メイク&ヘアアドバイス、コニュニケーションアドバイスなど個人コンサルティングを中心に各種セミナーを開催している。これまで個人へのアドバイスは218名を超える。2015年のセミナー回数は63回となる。

個人のクライアント男性は仕事だけではなく婚活の相談も多く女性とのコミュニケーションを悩まれていることから、コンサルティングの中でコニュニケーションアドバイスもするようになる。
女性目線でのアドバイスが男性とは違うことや、いかにファッションや外見が大切なのかも以前よりも意識できるようになった、会話が楽になったと好評を得ている。婚活会社に入らずともプライベートで出逢って結婚する方も多い。結婚相談所の経営者の相談にも対応しており、個別に会員のアドバイスや婚活パーティー運営会社の経営者にもアドバイスを行なっている。

<取得資格>
AFT1級色彩コーディネーター
キャリアカウンセラー（JCDA）
個性心理学認定講師

### ●受講者がこのセミナーで得られるもの／アピールポイント

**〈受講者がこのセミナーで得られるもの〉**

- 女性が男性のどこを見ているのか、次に会えるきっかけがわかる
- 下手でも聴き方次第で「聞き上手」になり女性に好印象に映るようになる
- 女性との接し方やコミュニケーションの取り方がわかるようになる
- 見た目やファッションもコニュニケーションであることがわかる
- 婚活だけではなく自分を磨くことにつながるので仕事でもプラスになる

**〈アピールポイント〉**

- 参加型のセミナーで必ず隣の人とシェアやワークの時間を作る
- 女性目線で女性が男性のどこを見ているのかに絞っている
- ファッションアドバイスや外見的なものだけなく、心理学、カウンセリングやマナーなどを幅広く習得しているのでさまざまなご提案ができること
- 事前の準備として 4000 年分の生年月日から導き出されたデータをもとに座席配置するのでグループの雰囲気がよい

### ●セミナー実績

- 3ヵ月以内に理想の男性から選ばれて半年以内に結婚する方法（婚活会社）
- 年収 1,000 万円以上の男性の運命の女性になる方法（婚活会社）
- イメージコンサルタントによる実践中心ブラッシュアップセミナー
- 婚活会社に頼らずパートナーが見つかる7つの法則
- 人間関係の秘法「個性心理学」スペシャルセミナー（個性心理學研究所）
- 売り上げを3倍に上げる好感度アップセミナー

**〈受講者の声〉**

- 変化を求めているけど変化に臆病になっている人に上手に背中を押してあげられる。
- 一人ひとりの求めているものを本人の言葉だけでなく、さまざまなツールから引き出してより本人が求めているところにちかづけさせることができる。
- 心理面からのアプローチや、プロトコルマナーなどのソフト面での心得もたくさん持っている。

# PART 5

# 「よばれる講師」を「稼げる仕事」にするための仕組み作り

# 5-1 自分のキャッチコピーを作ろう

企画書には名前と肩書きを書きますが、この肩書きについても一工夫してください。「セミナー内容に沿った肩書き」になっていると、効果的です。「税理士」「中小企業診断士」という肩書きを持つ人はたくさんいます。もしそこに、あなただけの肩書きをつけたらオリジナリティが引き立ち、商工会議所等の担当者の目にも留まりやすいですね。

そして、より担当者の興味を引くために、「自分のキャッチコピー」も作ってください。自分のキャッチコピーとはその肩書きにつけ加える文言です。たとえば「ちょっと頭のいい税理士」という肩書きに「節税あの手・この手を豊富に提案！」といった言葉をつけ足してみると、より頼りがいのある人物像を具体的に描いてもらえますね。

キャッチコピーを作るひとつめのコツは、ユニークな肩書きを作るときと同様、**言い切ってしまうこと**です。「私なんてまだまだ」という謙虚な気持ちは、とりあえず今は置いておきましょう。自分だけのセールスポイントは何ですか？　あなたの業務内容とターゲット層、この2つを明確にすれば、自分のセールスポイントが見えてきます。

「税務ならひと通り何でもできるんだけど……」「まだ資格取りたてでターゲットなんて選べる状況じゃない」というお気持ちはよくわかりますが、大丈夫です。実際には、あなたが謳う業務やターゲットからズレたオファーもやってくるでしょう。なぜなら、他の同業者よりキャッチコピーが明確な分、あなたのほうが覚えてもらいやすいからです。そう、**キャッチコピーを作る目的は、「覚えてもらう」こと。少々とがったコピーのほうがいいのです**。

2つめのコツは、セミナータイトルと同じように**「機能と感情」の両方を入れる**こと。もちろん、数字を入れるのもお勧めです。ひとつめのコツと同様に、狭く深く書きましょう。私が考えついた例や、友人たちが実際に使っているキャッチコピーをアレンジしたものを挙げてみます。

**◉経営者と従業員、ともに納得する円満リストラをお手伝い（社会保険労務士）**
**◉従業員30～50名の企業専門！　就業規則をスピード作成（社会保険労務士）**
**◉仕入れ・掛売り・人件費、何かとヤヤコシイ小売業の税務を気軽に相談（税理士）**
**◉ほめるチーム作りで売上を昨年対比160％にしました（飲食業コンサルタント）**

苦労して作ったキャッチコピーですから、セミナー企画書はもちろん、名刺などにも刷り込んで普段からアピールしましょう。

# 5-2 名刺には費用と時間をかけて個性を刷り込む

名刺は初対面時に必ず受け取ってもらえて、会話をはじめるきっかけになるツールです。通り一遍ではなく、費用と時間をかけて個性を打ち出しましょう。

## ①表も裏も使う

屋号、肩書き、名前、住所等のほかに、ユニークな肩書きやキャッチコピー、また業務内容や専門分野、セミナータイトル、セールスポイント、プロフィールなど、表も裏も使って十分な情報量を入れましょう。顔写真や似顔絵などもあるといいですね。

この名刺で仕事が来ているか、会話が盛り上がるか、覚えてもらえているかをチェックしながら、3ヵ月に一度は内容やデザインを見直し、少しずつ完成形に近づけましょう。名刺を定期的に作り変えれば、以前、名刺交換して印象が薄れてしまった人に再会したときも、「新しい名刺です」と自然に再度の名刺交換ができます。

## ②デザインはプロに頼む

これだけの情報量ですから、プロでない限り、自作デザインではスマートに入れ込むのは難しいでしょう。思い切ってプロに頼んでください。

名刺ですから、法外な費用はかかりません。3カ月に一度見直すときもマイナーチェンジで済むので、たいした請求額にはならないはずです。プロに頼むときは、自分の好きな色と、仕上がりイメージ（親しみやすく、誠実に、かわいらしく、など）を伝えるとスムーズに発注できます。

## ③印刷所で印刷してもらう

自宅のプリンタで印刷したものは見劣りするのですぐわかり、あなたの値打ちを下げます。せっかくプロにデザインしてもらったのですから、印刷もプロに任せましょう。

［裏］

ドラマを感じさせるプロフィール

特に訴えたいところには、赤字・太字・アンダーライン等で強調する

Profile ○○ ［一般社団法人融資コンサルタント協会］代表理事

関西大学卒業後、13年間勤めていた金融機関が突然破綻。その影響で融資ができず、担当していた複数の企業が倒産した。その際、何もできなかったことで強烈な悔しさを経験したことから、中小企業の安定した資金調達の支援を行うための経営コンサルタントとして独立。以後、「中小企業が金融機関との上手なつきあい方を伝授する」ことをミッションに、中小企業やそれを支援する士業に対し支援を行っている。

著作本
- ▶銀行融資を3倍引き出す！小さな会社のアピール力（同文舘出版）
- ▶90日で商工会議所からよばれる講師になる方法（同文舘出版）
- ▶お客は銀行からもらえ！（さくら舎）

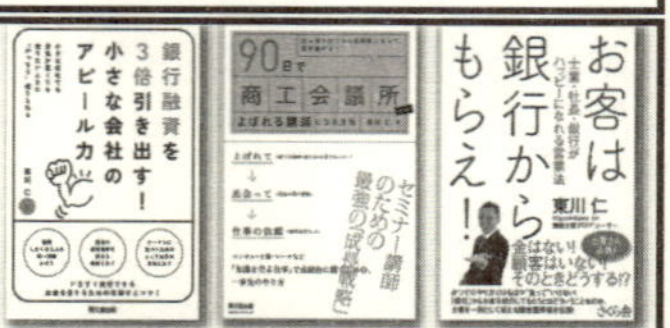


ブランドを感じさせるための著書・コンテンツ

## 個性が伝わる名刺例

[表]

自分独自の
肩書き

何か意味の
ありそうなポーズ
（質問を誘導）

ターゲットに
響くキャッチコピー
（コメントを誘導）

# 5-3

# 依頼を逃したくなければ、ホームページは絶対に必要！

資格取りたて、独立したての場合、しなければならないことが山ほどあって、ホームページをじっくり作るなんて考えられない、面倒な作業でしょう。とてもよくわかります。

ずっと前に「何となく」作ったホームページ。更新をしないまま、何年も経ってしまった。忙しくてそれどころではない。でも、ぜひ作ってください。ぜひ作り直してください。ホームページは、**あるからといって仕事になるとは限らないが、なければ仕事は必ず逃げていく**という、ちょっと厄介な存在なのです。

商工会議所にしろセミナーエージェントにしろ、実際の講師依頼の前に、その講師についてネットで調べるのは当然です。そのとき、もし意中の講師のホームページが見つからなかったら……。「交渉しようとしている相手は、今どきホームページも持っていない講師」と思ってしまうことでしょう。この人に頼んで大丈夫だろうか、きちんと普段の業務を行なっている人なんだろうか、などと担当者は不安を覚えます。そんな人に依頼は来ないでしょう。せっかく講師依頼リストにのぼったのに、これではもったいない！

特に商工会議所が直接講師依頼する際は、ホームページの存在はさらに重要になります。担当者が独断で講師にコンタクトを取るのではなく、上司の承諾を得た上で交渉に入るのですが、そこで**上司に見せる資料として最も使われるのが、ホームページをプリントアウトしたもの**なのです。

そこで、とりあえず最初に充実させておきたいページは、あなたのプロフィールとセミナー実績です。さらに可能なら、やったことはないものの、話すことのできるセミナータイトル一覧を入れておきましょう。これは効果的です。デビューしたてでセミナータイトルがまだひとつしかなければ、その内容を丁寧に書けば問題ありません。PART４で作った企画書レベルの細かな説明を入れておきましょう。

もうひとつ、次に少し余裕ができたら充実させたいのが、「あなたらしさ」がわかるページ――通り一遍のプロフィールを読んだだけでは見えてこない、仕事への想い、あなたならではの人間性がつかめるようなページです。ストーリー仕立てで、あなたの想いを伝えるプロフィールページにすれば、あなたの「人間性」をアピールすることができるので、より依頼につながりやすくなります。

# 5-4 講師依頼を引き寄せるホームページとは

ホームページを作成する際は、次のポイントに留意すれば、講師依頼をより引き寄せることができるようになります。

**①写真は絶対に必要**

講師の顔が見えるだけでも、依頼する側は安心します。顔を見たからと言って、人柄がわかるわけではないのですが、どんな人なのかわかるだけでも、なんとなく「この人で大丈夫ではないか」と思うからです。セミナー中の写真を載せることをお勧めします。

**②1テーマで、1ページを作る**

たくさんのセミナーテーマを持っているからといって、それらを全部、一緒にしてはいけません。ページの内容が複雑になるからです。ひとつのセミナーテーマで、ひとつのページを作れば、読む側にとって、そのセミナーの内容が理解しやすくなります。

## ③受講者の声は、効果が高い

講師を依頼する担当者にとって、そのセミナーの評判はとても気になるもの。「セミナー受講者の声」を入れておくことで、そのセミナーが、いかに受講者の心に響いたのかをアピールできます。ただし、「受講者の声」を入れる場合はできるだけ具体的な「声」を入れてください。抽象的な感想では、セミナーのよさを伝えることができませんから。

## ④「根拠」のあるプロフィールを

「あなたが、そのセミナーの話をするのに最も適している理由」を伝えることができなければ、担当者は依頼する気になりません。「この内容のセミナーをしてもらうには、この人でないといけない」と思ってもらうことができれば、講師依頼につながりやすくなります。要するに「このセミナーができる根拠」をプロフィールの中に書いておく必要があります。「過去に携わってきた業務内容や実績」はもちろん、「話そうとするセミナー内容に関する経験やノウハウ、スキルをどれだけ持っているか」「自分の過去に手に入れた強み（技術力・スキル・ノウハウ）」「実際に手掛けた事例」が、それらの根拠になります。根拠が充実しているほど、説得力のあるプロフィールになります。

# 5-5 セミナーから仕事につながる確率を10倍高めるチラシを作ろう

思い出してください。あなたがセミナーを行なう理由は「顧客をつかむため」でしたね。しかし、講師が売る商品は税務相談やコンサルティングなど目に見えないサービスであることが多く、さらに、すぐには契約に踏み切れないような高額なものがほとんどです。

ここで大切になってくるのは、**あなたのサービスの「見える化」**と、**検討する時間を持ってもらう**ことです。

ここでモノを言うのが、チラシです。セミナー時にあなたが提供する本来のサービスを説明したチラシを配り、受講者に持ち帰ってもらいます。そこであらためて時間を取って検討してもらうのです。

チラシを1種類作ってしまうと、「それ以外のサービスは売れない」と考えがちですが、ツールがひとつあることで、「他にもこんなことはできますか」といった質問の呼び水になります。また、たとえチラシを手にした人にそのサービスの需要がなくても、需要がありそうな人に渡してもらえる可能性が広がります。

チラシに必要なのは、一般的に「商品名」「キャッチコピー」「リードコピー」「顧客メリットを感じさせる言葉」「アピールポイント」「プロフィール」「写真」など。デザインやキャッチコピーのインパクトも大切ですが、悪目立ちすれば逆効果ですから、要注意です！

裏面で、もう少し詳しくサービス内容を説明しましょう。「カリキュラムなどサービス内容例」「料金」「申込みからサービス提供までのフロー」「顧客の声」「連絡先」などは入れておきたいところです。次ページ以降に例を挙げますので、参考にしてください。

いずれにしろ、なかなか素人が簡単に作れるものではありません。作れても仕上がりは見劣りします。特に、前述したように、コンサルティングや顧問契約は高額になりがちなので、料金にそぐわない安っぽいチラシで済ませるのは賢い選択ではありません。1件の仕事が取れたらペイするという考え方で、名刺と同様、デザインも印刷もプロに頼むべきです。デザイン料の支払いは1回だけですし、印刷をネットで頼めば500枚で3000円くらいからあります。

**●アクションにつながるフローチャートを入れる**
「で、頼みたいときはどうするの?」という道筋を示す

**●できるだけ料金は入れよう**
値段のわからないものは検討のしようがない

[裏]

**●サービス内容を表にする**
ここも目に見えないサービスを「見える化」するポイント。
わかりやすく、内容の充実度も視覚化できる

## チラシ例① 言い切りキャッチコピーでインパクトを出す

**●キャッチコピーの基本は「あるある」**

誰もが「そうだ!」と思える心の声、ホンネを大きく、キッパリと掲げると、スムーズに広告へ「入って」もらいやすい

**●あなたのサービスに名前をつけよう**

目に見えないサービスを「見える化」する方法のひとつ

[表]

**●顔写真は入れたほうがよい**

プロフィールや写真は表でなく、裏に入れてもよい。いずれにしろ入れたほうが安心感が増す

**●サービス内容を図式化**
ダラダラ文章をつなげるより、図式化するとわかりやすい。
自分の業務内容をしっかり整理すれば大丈夫!

［裏］

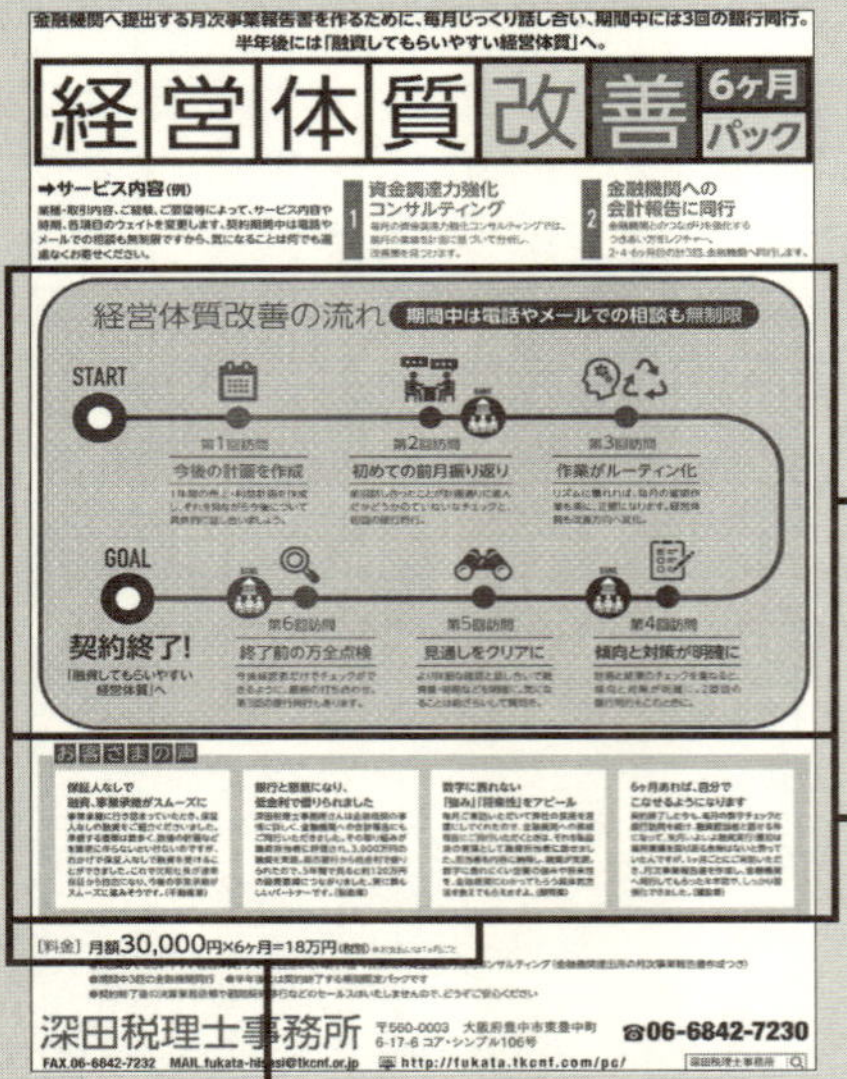


**●料金を明確に伝える**
提供するサービスが割安であると感じられる価格設定

**●具体的な事例**
「お客様の声」で、実際に効果が上がった例を見せ、
サービスを実感させる

## チラシ例② 言い切りキャッチコピーでインパクトを出す

**●結局「どんなサービスなの?」を1行で**

今までにないサービス内容なら、チラシの表で短くまとめて提示

**●できるだけ多くの「あるある」を散りばめる**

「こんなケース」「あんなケース」を細かく提示して
サービスの幅を表現

[表]

**●親しみやすい写真を**

スタッフ全員の顔を見せることで安心感を与えられる

**●顧客のよくある悩み**
よくある悩みと解決策を具体的に例示する

［裏］

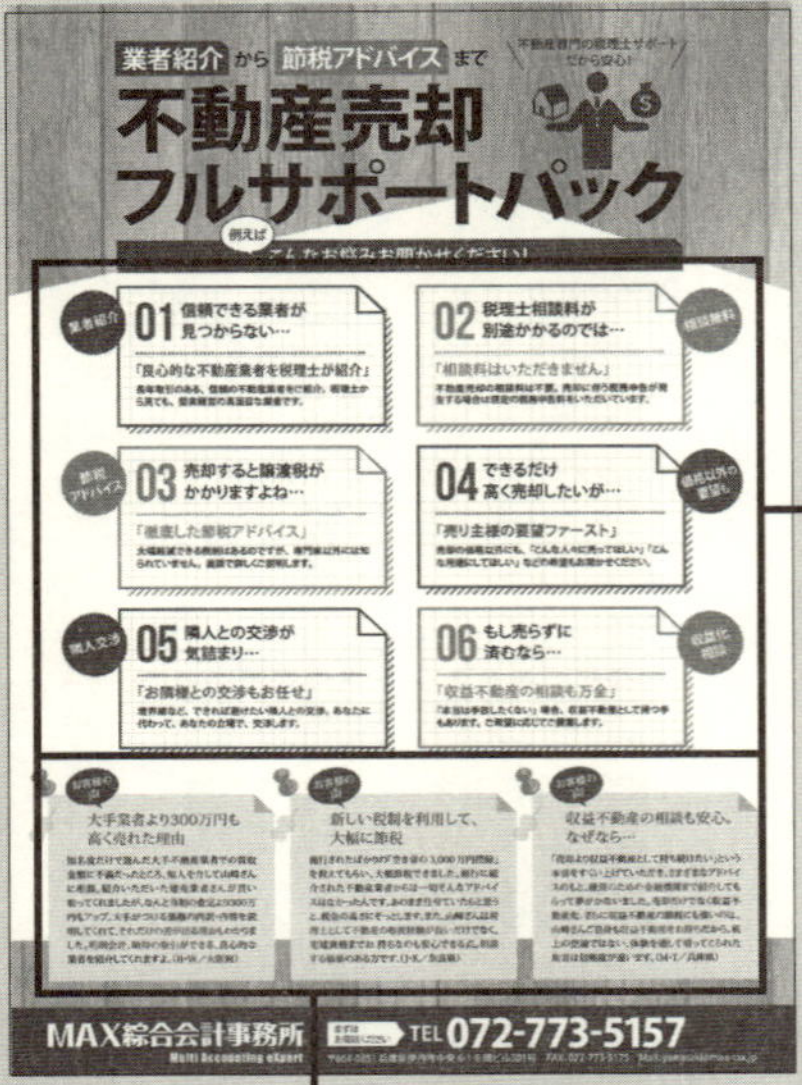


**●お客様の喜びの声**
「こんなことまで」というサービスの幅もココで語れる

## チラシ例③ 顧客のよくある悩みにしっかりと答える

**●サービス内容が明確にわかるパッケージネーム**
一見して、どのようなサービスを提供するのかわかれば、
より興味を持ってもらえる

**●顧客のメリットを整理する**
3つくらいが覚えやすくてベスト

[表]

**●なぜ、このサービスを提供できるのか**
経験や実績をアピールすることで、この業務が可能な理由を説明

**設問2　講師のプレゼンテーションを審査する上での注目点は何でしょうか？**

◉話のうまさよりも元気で明るく、かつわかりやすい説明ができるか

◉特に専門用語を使う講師に関しては、厳しくチェックする

◉地方の中小企業向けの内容に適しているか、テーマと内容がブレていないか

◉短い時間での内容の流れ（ストーリー）が的確にできているか

**設問3　講師として依頼したいのはどういう人ですか？他の人との違いは何でしょう？**

◉事例が豊富で実践向きな講師、依頼先の地元の情報を事前に勉強して来る

◉講師としての自覚があり、自分のノウハウを受講者にすべて提供できる人柄

◉企画書、テキスト資料等の依頼に迅速に対応する講師、相手のことを常に思う

**設問4　担当者として講師に依頼する上での悩みは何でしょうか？**

◉日程調整の際の対応が遅い講師

◉講師との連絡が当日中に取れない場合、他の講師へ変更となる場合がある

◉テキスト資料等の依頼期日遅れ、及び内容確認時の誤字・脱字の修正

◉質疑応答時に受講者への宿題等、その後の対応・フォロー不足

COLUMN 6

# 担当者が講師に対して求めているもの
## セミナーエージェントへのアンケートより

●

株式会社ネクストフェイズでは、商工会議所やセミナーエージェントの担当者を招待して「商工会議所によばれる講師オーディション」を 10 回ほど開催してきました。その都度、審査員の方々に「講師に対して何を求めているのか?」をアンケートしています。その結果を読むだけで、「商工会議所に売り込みやすい講師」の姿がおぼろげながら見えてきます。

**設問1　どういう講師を求めていますか?**

◉他の講師が真似できない、付加価値のあるオリジナルの内容を話せる講師
◉中・小規模事業者向け「明日にでもすぐに実践できる」経営の内容を話せる講師
◉常に企画書（タイムリーなネタ）を提案してくれる講師
◉説明（相手に伝えること）により説得するのではなく、納得させる講師
◉たとえ方が上手であり、理解しやすい講師
◉伝える内容に信念や自信がある講師
◉聴衆を巻き込み、飽きさせない工夫をする講師

# 5-6 雑誌で連載し、講師依頼を引き寄せる

著書を出版することで、自らのブランド力が高まると同時に、その著書を見た読者から講師依頼が来るということは、珍しくありません。そのため、多くの講師がビジネス書を出版しようとします。しかし、ビジネス書を出版するより、専門家としてのブランドを高めるために有効なのは**「専門誌」での連載**です。

書籍を出版しても、よほどのベストセラーにならない限り、1万部も売れません。著者のネームバリューや出版社の方針によって変わりますが、ほとんどネームバリューのない著者の場合、初版が3000～5000部くらいでしょう。全部売れたとしても、その本を手にするのは多くても5000人にしかならないということです。

これが雑誌であれば、読んでいる人の数が一桁は違います。連載する雑誌が、講師依頼を期待している業界の人たちがよく読む専門誌なら、確実にあなたの存在を知ってもらうことができます。そして、**その雑誌を読んでいる人たちにとっては、「雑誌で連載してい**

**る人」は、その方面における「権威」だと思ってくれます。**

私は、金融機関向けの研修やセミナーを頼まれることが少なくありません。それは5冊のビジネス書を出版しているからという理由ではなく、金融機関の人達が必ずと言っていいほど読んでいる雑誌である「近代セールス」で連載しているからです。

連載記事を読んだ金融機関の研修担当の方が、「この人に研修やセミナーをしてもらえばどうか」と考えてくれるからです。

また、金融機関の人たちと名刺交換した際に「『近代セールス』で連載しています」と自己紹介をすると、「あの連載、東川さんが書かれているのですね。読んでいますよ」と言われることも多々あります。それぐらい、専門誌での連載というのは、自らのブランドを構築するのに役立ちます。

雑誌にもよりますが、書籍を出版するより、専門誌で連載するほうが簡単だったりします。専門誌で連載するための方法については次ページで詳しく説明します。

# 5-7 意中の雑誌で連載を勝ち取る方法

意中の雑誌で連載をするために行なうべきことは、7つあります。

**①連載したい雑誌を選択する**

雑誌で連載したいといっても、どれでもいいというわけではありません。本業のブランディングに役立つような雑誌でないと、書く意味がありませんよね。

経営コンサルタントが手芸の雑誌に連載しても仕事につながらないように、自分が狙っているターゲットがよく読む雑誌を選びましょう。

たとえば、介護事業者をターゲットにしている社会保険労務士なら、介護事業者がよく読む「日経ヘルスケア」や「介護ビジョン」を、飲食業者をターゲットにしている税理士なら、「飲食店経営」といった雑誌を選ぶべきです。

**②連載したい雑誌を取り寄せる**

連載したい雑誌が決まれば、その雑誌でどのような記事が書かれているかを調べます。1冊取り寄せて読むだけでなく、できれば定期購読して継続的に調査しましょう。すると、その雑誌が取り上げる記事のトレンドをつかむことができます。

## ③2ページぐらいの記事を書いて送る

いくら連載をしたいといっても、書き手のレベルがわからない状態では、編集者は依頼してくれません。自身の文章力や企画力を見てもらうために、意中とする雑誌で取り上げてもらえそうなテーマの記事を書き、編集部に送ります。あまり長い記事は掲載しづらいので、最初は2ページぐらいの原稿でOKです。

## ④記事を送り続ける

記事を1回だけ送っても、編集部が「今」欲しているテーマでない場合、放置されることはよくあります。どれだけ素晴らしい記事でも、タイミングが悪ければ採用につながりません。しかし、1回送ってダメだったからといってあきらめてはもったいない。2カ月に1回ぐらいのペースで、テーマを変えて送り続けることで、編集者に覚えてもらうことができます。

文章力や原稿の切り口が、編集者の求めているレベルに達しない場合は、原稿依頼されることはありませんが、文章力もあり、原稿の切り口も面白い場合は、編集者のほうから必ずアプローチがあります。なぜなら、どの編集部でも、力のある書き手を求めているからです。

## ⑤記事を書く

アプローチし続けたからといって、いきなり連載の依頼が来るわけではありません。たいていの場合、「こういうテーマの企画を考えているのですが、○○さんは、このテーマで書けますか？」というオファーが来ます。自分が書けるテーマであれば、もちろん引き受けてください。

自分が書けないテーマの場合は、ただ単に断るのではなく、「そのテーマは、私は書けませんが、そのテーマで書ける人を知っていますので、紹介しましょうか」と伝えてください。少しでも、接点を持っておくことが重要となります。

## ⑥編集部に挨拶に行く

自分が書いた記事を雑誌に掲載してもらえることになったら、編集部を訪ねてください。

記事を書いてくれた先生なら、喜んで会ってくれます。そこで、いろいろと雑談することで、編集者の方は、「この先生なら、こんなテーマの記事も書けそうだな」と考えてくれるので、その後のオファーも増えます。

一度会えば、編集者にとっても次に依頼するハードルが格段に下がります。

## ⑦連載企画書を1月に送る

雑誌というのは、4月号から新連載を開始することが少なくありません。その新連載の企画を考えるのは、1月中であることが多いです。新連載の企画を考えている最中に、連載の企画書を送ることで、その企画を連載してくれることもありますし、その企画がダメでも「この人がいたなあ」と思い出してもらうことで、連載企画の相談をされることはよくあります。

1月に編集部を訪問するというのも、有効な方法になります。

この7つを実行することで、意中の雑誌で連載をはじめる可能性が生まれます。ぜひ、トライしてみてください。

5-8

# セミナー先はまだまだある！業界団体を狙え

これまで、商工会・商工会議所、エージェントについてご説明してきましたが、セミナー講師の活躍の場は他にもたくさんあります。

まずお勧めなのが、各種の業界団体です。業界団体には大きく分けて2つあり、ひとつは税理士や社会保険労務士など士業・専門家の業界団体、もうひとつは製造、小売、保険、ＩＴ、飲食、運輸など業種ごとの団体です。特に、業種ごとにいくつもの団体を持つ後者はエージェントが絡んでいないことも多く、セミナー講師からの直接売り込みがあれば、比較的話を聞いてくれます。どんな団体があるかは、ネットで「業界団体　○○（あなたの気になる業種）」で検索してください。

アプローチ法は商工会・商工会議所と同じく、できればいきなり企画書を送りつけたりせず、訪ねていくのがいいのですが、数が多かったり遠方の場合はそうもいきません。

まずは気になる業界団体をリストアップしましょう。次に、その業界における課題を調べます。その課題を踏まえた内容のセミナー企画書を作成し、送付します。

送付先は多数にのぼりますので、一斉に企画書を送付してもよいと思います（私はそうしました。20件送付で3件のセミナー依頼につながったので、DMのヒット率としてはなかなかだと思っています）。

企画書が到着してしばらくした頃を見計らって、「セミナーや研修担当の方はいらっしゃいますか。ご挨拶がてら説明にあがりたいのですが」とフォロー電話を入れましょう。先方が興味を持てば、晴れて訪問です！

**業界団体リストアップ　➜　企画書送付　➜　フォロー電話　➜　アポイントメント**

残念ながら興味を持ってもらえなかった場合でも、担当者と話ができれば先方のニーズはつかめます。そのニーズに合わせたセミナー内容を練って、再度チャレンジしましょう。また、先方と話ができなくても、数ヵ月に一度くらいは新たなセミナー企画書を送付して、先方にあなたを印象づけるのも有効です。

断られて当たり前、リストからはずせばいいだけです。めげずに前に進みましょう。

# 5-9 金融機関は見込み顧客の宝庫！

前ページで紹介した各種業界団体とともにお勧めしたいのが、金融機関への働きかけです。金融機関でのセミナーはなんと、一石三鳥なのです！

## ①見込み客と出会える

金融機関の顧客の多くは中小企業の経営者です。あなたのセミナーを受講して納得・共感した経営者から、その後、自社の経営や税金、人事や研修などの相談を受けることもあるでしょう。「受講者→顧客」への理想的なシフトが見込めます。

## ②金融機関とのパイプが作れる

金融機関は多くの経営者から経営上の問題や悩みを聞きますが、行員・職員がそのすべてに対応することはできません。「では専門家を紹介してほしい」と頼まれても、金融機関は意外に専門家とのつながりが濃くありません。相談時にあなたという専門家を知っていれば、スムーズに顧客と引き合わせてくれるでしょう。

### ③権威づけができる

金融機関であろうが小規模な自主セミナーであろうが、1回の実績はあくまでも1回の実績です。しかし企画書のセミナー実績欄に「○○銀行で」と書けば、読む側の目が変わり、あなたの企画書の信頼度がアップするのは間違いありません。

税理士や企業コンサルタントなら「二代目経営者研修」（後継者の教育に困っている経営者は多数います）、コーチやキャリアコンサルタントなら「管理職向けコミュニケーション研修」、行政書士なら「遺言セミナー」など、アイデア次第でセミナー内容も広がります。

なお、私の経験則ですが、信用組合や信用金庫などの地域密着型金融機関は、比較的門戸が広いようです。一方、地方銀行や都市銀行の場合、中小企業経営者向けのセミナーを支店単位で行なうことはあまりありません。大手銀行にアプローチしても、採用されることは少ないので、アプローチするのであれば、地域密着型金融機関をお勧めします。

金融機関へのアプローチ法は次ページで詳しく説明します。

# 5-10 講師依頼を引き寄せる、金融機関へのアプローチ法

道は開かれているとはいえ、さすがに敷居が高いのが金融機関です。多くの方が「いきなり訪問しても、相手にしてもらえないのではないか？」と思い込んでいます。

昔は確かにそうでした。でも、今は風向きが変わってきています。

特に、**中小企業の経営者に対するサポートをしている士業・コンサルタントの訪問を、金融機関は大歓迎している**のです。

金融機関は、金融庁の指導方針に従って、業務を遂行しています。現在、金融庁は金融機関に対し、「本業支援を積極的に行なう」よう指導しています。金融庁の言う「本業支援」とは、「取引先企業の付加価値が高まるようなサポートや、当該企業の経営課題を解決に資するサポート」のことを指します。

そのようなサポートを、金融機関の担当者ができればいいのですが、ほとんどの担当者はできません。金融庁もそれがわかっているので、「外部専門家の活用や外部機関との連

携によるサポート」もＯＫとしているのです。

金融機関の人たちは、士業やコンサルタントとのパイプをほとんど持っていません。今、金融機関は士業やコンサルタントとのパイプを作りたがっているので、こちらの訪問を大歓迎してくれるのです。現場の担当者だけでなく支店長も、今は比較的会ってくれる機会が増えています。

とはいえ、いきなり「御社の顧客対象のセミナーを」と企画書を持って行っても、すぐ採用されるわけではありません。あなたのことがよくわからない状態で、セミナーを依頼することはないからです。１回や２回訪問しただけの関係では、仕事につながりません。仕事につなげるためには、最低でも４回以上は訪れる必要があります。

①あいさつ、②普通預金口座作成、③定期預金口座作成、④相談、というプロセスを踏めば、比較的簡単に４回訪問することができます。４回行って、ある程度の関係性ができれば、セミナーの提案をしてもＯＫです。

臆することなく、初回の訪問で支店長を訪ねてみてください。一度あいさつをすることさえできれば、顔なじみになります。「支店長の関係者」という立場になることが重要です。

## 5-11

# 金融機関でセミナーをするために「合同勉強会」を開く

金融機関と関係性ができたら、最初の提案としてお勧めなのが**行員・職員対象の勉強会**。セミナーではなく、「勉強会」です。金融機関は顧客から実に幅広い問題や悩みを聞く機会があるものの、税金や人事などの専門家ではないためになかなかフォローしきれません。さらにその解決法を導ける士業や専門家ともあまり知り合う機会がないのです。

さあ、あなたの手で、ぜひその機会を作りましょう。近所の金融機関の支店で、周りの士業・専門家の人々を呼んだ**職員&専門家の合同勉強会**を催すのです。

これは金融機関と専門家との出会いの場で、「合同」の勉強会です。といっても基本的には、専門家の知識を金融機関職員にお教えする機会ということになります。

金融機関にとっては、複数の専門家と一度に知り合えるのが大きなメリットですから、きっと喜んでもらえるでしょう。

一方、専門家側は、金融機関とのつながりができるのは嬉しいのですが、それだけであなた以外の専門家が来てくれるかどうかはわかりませんね。

私が実施したときは二部制にして、前半1時間は勉強会、後半1時間は懇親会として、懇親会は「専門家側が金融機関の支店長や担当者を招待する」形にしました。こうすると、専門家側は勉強会でニーズのある知識を披露するだけでなく、懇親会でゆっくり時間を取って自分たちの専門分野のアピールができます。

開催時に注意点がひとつあります。**声をかける専門家は、1業種1人にすること**。複数いると、職員が相談したくなったとき、誰に話を振っていいか迷います。

もしあなたが税理士なら、税理士以外の専門家に声をかけましょう。これで金融機関と少し近づきましたね。あとは折を見て訪問し、もし提案できそうなら、「御社の顧客対象のセミナーを」と水を向けてみましょう。たとえ時期尚早でも、少なくとも耳を傾けてくれるはずです。

人間関係構築が先と考えて、焦らずに距離を縮めていきましょう。

# 5-12 セミナー受講者を顧客にするために必要なアクション

私は、「セミナーで見込み客を獲得していきましょう」と積極的に伝えていることもあり、「セミナーをしても、その後、顧客獲得につながらない」と相談されることがよくあります。どれほどセミナーが好評だったとしても、その後、顧客獲得につなげるための仕組みがなければ、成果にはつながりません。セミナー受講者を顧客にするために必要なのは、**受講者ともう一度会う機会を作る**というアクションなのです。

そもそも、セミナー内容がどれほど素晴らしくても、受講者のほうから、「もう一度お会いして話をお聞きしたいのですが」と言ってくることはほとんどありません。だから、もう一度会おうと思えば、こちらからアプローチする必要があります。

セミナーをしていると、どの人が熱心に聞いているのか、よくわかります。熱心に聞いている方は、セミナーの内容に興味がある方なので、見込み客になり得ます。しかし、熱心に聞いてくれているからといって、向こうから名刺交換を来てくれるとは限りません。そういう方を何人か見つけておき、途中の休憩やセミナー修了後に、こちらから名刺交換に行くのです。受講者にすれば、講師のほうから名刺交換に来てくれて、いやな思いをする人は1人もいません。喜んでもらえます。

そして、名刺交換したときに相手の住所を見て、「○○市○○町ですか？　偶然ですね、この近くに、うちの顧問先があるのですよ。来週、その顧問先を訪問する予定になっています。今日のセミナーの感想などを聞かせていただきたいと思っているのですが、顧問先を訪問する際の前後にでも、御社に訪問させていただいたらご迷惑でしょうか？」と尋ねてみてください。

セミナーに強く興味を持っている方ですから、講師から「直接話を聞きたい」と言われて、断る人はなかなかいません。まして、「ご迷惑ですか？」と聞かれて、「迷惑です」という人もなかなかいませんから、ほぼ100％、承諾してもらえます。

たとえ近所に顧問先がなくても、「顧問先があります」と言ってください。受講者の会社を訪問するときの方便で構わないのです。

訪問した際には、**「今回、どういう目的でセミナーに参加されたのですか？」**と質問してください。セミナー内容に関する経営課題を抱えていたために受講したのでしょうし、その経営課題を解決するヒントが得られたので、興味を持って聞いてくれたのだと思います。ですので、この質問をすることで、自然と経営課題についての話題になります。

話を深掘りしていき、経営課題に関する具体的な内容を話してくれたら、それについて3つぐらいのアドバイスをします。

4つめのアドバイスをするときに、「**その内容につきましては、少し、調べる必要がありますので、次回、お会いしたときにお伝えさせていただいてもいいですか？　再来週に近くの顧問先に来る予定がありますので、その時にでも訪問させていただきます**」と次の**アポイントをとる**のです。

そういったことを何回か続けると、先方から「あなたの顧問料はいくらぐらいなのですか？」と聞かれることがよくあります。そうなれば、顧客化に成功というわけです。

私自身が何度も顧問先を獲得した方法ですので、一度、試してみてください。少なくとも、セミナーをしてただ待っているより、はるかに顧客を獲得できるようになりますよ。

# おわりに

最後に再確認。セミナーを行なうのは、顧客獲得のため

私は普段、融資知識を士業やコンサルタントに広める仕事をしていますが、中小企業の経営者と出会える、商工会議所でのセミナー講師の仕事も好きで好きで、どんなに忙しくてもやめられません。


丁寧に準備した内容を、伝われ！　と願いながら大勢の前で語る。

その熱を受けた聞き手のみなさんが、語る私にその熱を返してくる。

その熱が、私の身体を通して、話のなかにエネルギーを吹き込み……

そんな、セミナー講師というライブの仕事ならではの熱の交換を、もし皆さんがまだ味わっていないのでしたら、それはなんともったいないことでしょう。


商工会議所に何度もよばれるために、セミナー講師は、現在の何を、どう修正していけばいいのか。商工会議所によばれるセミナー講師として、**自分の10年以上の経験から培ったノウハウ**と、セミナーエージェントや商工会議所担当者からの最新ヒアリング内容も含めて、本書でお伝えしてきました。

本書を読めば、「商工会議所によばれる講師」になることはできます。

しかし、セミナーは目的ではなく、あくまでも「顧客を見つけるための手段」であるということを、最後にもう一度確認しておきましょう。

本書で書いてきた通り、私は商工会・商工会議所・セミナーエージェント会社へのアプローチを続けることで、多くのセミナーや講演の仕事をいただけるようになりました。でもそれだけでは、本職＝経営コンサルティングのための顧客獲得に直結しません。

本書でお伝えした「顧客になってもらう仕掛け」「見込み客へのアプローチ」などのアクションを行なってはじめて、本来の自分の仕事をさせてもらえる顧客が獲得できたのです。

質の高いセミナーなら、1回あたり少なくとも5～6名が名刺交換に来てくれるでしょう。先方から来てくれなくても、熱心に聞き入ってくれた方にはこちらから名刺交換を願い出ます。

その方々こそ「見込み客」です。そして後日、名刺交換した方々の会社に、実際に足を運んで訪問してください。

1回ではなく、2回、3回と。訪問すれば必ずセミナー内容に関する話になりますし、そこから会社の悩みへと話が発展します。面談が重なれば、顧客になる確率も上がります。あなたも経験上よくご存じのように、見込み客との接触回数と顧客獲得数は比例するからです。

**大切なのはセミナーではなく、「セミナー後の行動」**です。

私がこの本を書いた目的は、実力も意欲もある専門家に、少しでも早く多くの顧客を獲得してもらうことです。本書を参考にして実際の行動に出たあなたが、多くの場所からよばれるセミナー講師になり、やがてその先にある顧客獲得を実現できるよう、心の底から願っています。

繁盛講師プロデューサー　東川　仁

# 本書をお読みくださった方への特別プレゼント

## 特典1　最新の情報をメールレポートにてご提供

商工会・商工会議所・セミナーエージェントを取り巻く環境は日々、変化しています。

変化した環境とその対策について、この本をご購入いただいた読者の方に情報提供させていただきます。

## 特典2　企画書＆各種フォーマットデータをプレゼント

本書内で紹介させていただいた、企画書&各種フォーマット（「何度もよばれる講師になるための“企画書”作成　棚卸しシート」「採用されるセミナー企画書」「「次のセミナーにつなげるためのアンケート」のデータをプレゼントします。

そのままプリントアウトすれば、ご自分のツールとして使えます。

## 特典3　「商工会議所に何度もよばれるセミナー企画の作り方」セミナー動画プレゼント

「商工会議所に何度もよばれる講師プロジェクト」において、著書の東川仁が行なった
「商工会議所に何度もよばれるセミナー企画の作り方」セミナー動画を応募者全員にプレゼントさせていただきます。

**プレゼントの応募先はこちら↓**
**http://npc.bz/book6/present**

著者略歴

東川 仁（ひがしかわ じん）

株式会社ネクストフェイズ代表、一般社団法人融資コンサルタント協会代表理事、中小企業診断士、繁盛講師プロデューサー
1964年大阪生まれ。関西大学卒業。13年間勤めていた金融機関の破綻により退職。「カネなし」「人脈なし」「資格なし」「コンサル経験なし」のないないづくしで独立したため、当初2年半はほとんど食えない状態が続く。2005年、ある商工会議所から講師依頼を受けたことをきっかけに、「商工会議所でセミナーをするメリット」に気づく。その経験から「『商工会議所によばれる講師』になるためには、どうすればいいか」を研究、実践し、ピーク時には年間220回登壇する講師へと成長。懇意にしている商工会議所やセミナーエージェントの担当者からの「よい講師を紹介して欲しい」という依頼によってはじめた「商工会議所によばれる講師オーディション」からデビューを果たした講師は70名を超える。現在は「商工会議所に何度もよばれる講師プロジェクト」を立ち上げ、全国の商工会議所で活躍できる講師を育成している。

■問合せ先
株式会社ネクストフェイズ
〒564-0051 大阪府吹田市豊津町40-6
TEL:06-6380-1259 e-mail:info@npc.bz
http://www.npc.bz/

**最新版 90日で商工会議所からよばれる講師になる方法**

平成30年2月13日　初版発行

著　者 ―― 東川 仁

発行者 ―― 中島治久

発行所 ―― 同文舘出版株式会社

東京都千代田区神田神保町1-41　〒101-0051
電話　営業03（3294）1801　編集03（3294）1802
振替00100-8-42935
http://www.dobunkan.co.jp/


ISBN978-4-495-59072-7
印刷／製本：三美印刷
Printed in Japan 2018